Drucker
Innovation and Entrepreneurship

ドラッカー
『イノベーションと起業家精神』

藤田勝利 著

はじめに

　本書は、**英語でドラッカーの著書のエッセンス（要点）をつかむための本です。**

　10年以上前、私は米国のクレアモント大学院大学で直接ピーター・F・ドラッカー教授から学びました。卒業後、ベンチャー企業で新規事業の立ち上げやマネジメントを経験し、その後自ら起業して、さまざまな組織の経営支援やリーダー育成に携わってきました。
　大学院での学びと実務での経験から強く感じた2つのことが、本書を執筆しようと考えたきっかけです。

1つ目は、ドラッカーが書いた**「英語」をそのまま読み、重要なポイントを即座に理解できる本があったら良いのではないか**、ということ

2つ目は、これからのリーダーには、**ドラッカーの『イノベーションと起業家精神』を必ず読んでもらいたい**、ということ

です。

　英語で書かれたドラッカーの原文、いわば「肉声」に直接触れることで、その意図をより深く理解できるという利点があります。特に若い方やある

程度の英語力がある方にとっては、日本語よりも英語のまま読んだ方がニュアンスをつかみやすいことも多いでしょう。実際、私がかつてドラッカー教授の授業を聞いたとき、あるいは彼の著作をテキストとして原書で読んだときの「感覚」は、日本語に訳された本を読んだときのものとはずいぶん違いました。

　もちろん、正確に訳された翻訳書の意義は極めて大きく、翻訳者の方々の想像を絶する努力と多大な貢献への敬意はいささかも変わりません。ただ、これまでと少し「違う」ドラッカーの読み方を英語で体験してみることはとても楽しいし、また違った学びがあると思うのです。

　とはいえ、ドラッカーの著作に限らず、英語の原書をすべて独力で読むには時間もかかり、難度も高いです。そこで、まずは原書の鍵となる重要なエッセンスを抜粋し、それらを理解しやすく整理して解説する本を作りたいと考えました。また、最初から英語で読めば、「海外のビジネス書を『翻訳本』で読んだのはいいが、英語でその要点を説明することはできない」という遠回りやジレンマを解消することもできます。

　もう一つ。『イノベーションと起業家精神（Innovation and Entrepreneurship）』は、ドラッカーの著書の中で必ず読んでいただきたいおすすめの一冊だということです。「起業」「新規事業」に関心のある方には、特に読んでいた

だきたいと思います。私自身、ベンチャーで事業開発の責任者として悩んだ際に数々のビジネス書を読みましたが、この『イノベーションと起業家精神』以上に実務で助けになった本はありません。事例だけでなく、イノベーションで成果をあげるための「思考（考え方）」や「習慣」が書かれていて、自分自身の業務で翌日からすぐに実践することができたからです。本書ではさらに、私独自の解説を加えることで、『イノベーションと起業家精神』の要点をより理解しやすく、実践しやすいように工夫しました。

『イノベーションと起業家精神』はドラッカーの著作の中でもユニークな立ち位置で、かつ人気も高い作品です。しかしその内容を詳しく正確に解説できる人はほとんどいません。おそらく、この本に書かれたドラッカーのメッセージを正確につかむのが難しいと考えられているのだと思います。しかし、正しく読めば、極めてわかりやすく実践的なことが書かれています。本書を読めば、その意味をおわかりいただけるはずです。

本書は、これまでドラッカーの著作を読まれたことのない方でも理解しやすい内容になっています。また、すでにリーダー的な立場にある方だけでなく、これから事業・組織のリーダーになる方にも読んでいただきたいです。ドラッカーが言うように、イノベーターや起業家として成功するか

どうかは、「特別な才能」ではなく、誰にでも実行できる「考え方」「行動」「習慣」を行うかどうかで決まるからです。一つでも二つでも、ドラッカーの考えを実践していただければ、大きな変化を実感できるはずです。

　執筆の際には、読者の皆さんに次のようなメリットを届けることを強く意識しました。

➢ ドラッカーの名著『イノベーションと起業家精神』のエッセンス（要点）をこの一冊で理解できる。
➢ 日々のビジネスシーンで実践するための具体的なヒントやアイディアをたくさん得ることができる。
➢ 英語の原文を通じて、ドラッカーの意図によりダイレクトに触れることができ、かつ英語の学習にもつながる。
➢ 原書を「読みたい」「読める」と思えるようになる（英語でビジネス書を読む自信やモチベーションが高まる）。

　本書は、原書の内容をすべて網羅しているわけではありません。「この内容をもっと詳しく知りたい」「この背景をもっと知りたい」ということがあれば、ぜひ原書の方もあわせてお読みください。本書をガイドとして読んでいただければ、ずっと読みやすくなるはずです。

日本社会に今、最も求められている「イノベーション」「起業家精神」について、本書を通じて多くの方の理解と自信が深まり、成功する手助けになれば嬉しいです。日本人がかつてのような素晴らしい起業家精神を再び発揮することで、混沌とする世界情勢にもポジティブな影響を届けられると信じています。

　本書の執筆にあたり、多大なご支援をいただきました、株式会社ジャパンタイムズの西田由香さん、有限会社ソーシャルキャピタルの吉田秀次さん、そして今も貴重なアドバイスと気づきを与えてくれるドラッカー・スクールの教授、スタッフ、クラスメイトたちに、心から感謝の気持ちを伝えたいと思います。

藤田勝利

Contents

はじめに　3
本書の3つのポイント〜本論を読む前に〜　10
本書の構成と使い方　18
原著の構成と要点　20

　1　「序文」と「イントロダクション」　22

第1部　イノベーションを起こす
THE PRACTICE OF INNOVATION
……………31

　2　イノベーションを実現する方法　32
　3　1つ目の種──予期していなかった結果　44
　4　2つ目の種──不一致、ギャップ　58
　5　3つ目の種──プロセスニーズ　72
　6　4つ目の種──業界と市場構造の変化　80
　7　5つ目の種──人口動態　90
　8　6つ目の種──認識の変化　100
　9　7つ目の種──新しい知識　108
　10　優れたアイディアとイノベーションの原則　124

第2部　起業家的にマネジメントする
THE PRACTICE OF ENTREPRENEURSHIP
………137

　11　起業家的マネジメントと既存企業への導入　138
　12　公共サービス機関における起業家精神　158
　13　ベンチャー事業のマネジメント　172

第3部 起業家的に戦う〜戦略〜 191
ENTREPRENEURIAL STRATEGIES

- 14 「最速、最強の戦略」と「不意を突く戦略」 192
- 15 「ニッチ戦略」と「新しい価値を創り出す戦略」 210
- 16 起業家社会に向けて 232

おわりに 245

ドラッカー基礎知識

① ドラッカーの思想に影響を与えた経済学の大家シュンペーター 57
② ドラッカーはなぜ「マネジメント」を探求したのか 99
③ 「管理」ではなく「創造、創発」が manage の本質 107
④ マネジメントを「リベラルアーツ（一般教養）」と捉える理由 123
⑤ マネジメントの原則はあらゆる場で適用できる 171

企画協力：有限会社ソーシャルキャピタル　吉田秀次

編集協力：須藤晶子
装幀・本文デザイン・図版作成：森デザイン室
DTP組版：奥田直子

本書の3つのポイント
~本論を読む前に~

1. なぜ「ドラッカー」を読むのか

　企業やビジネスにかかわっている方であれば、ピーター・F・ドラッカーという名前を聞いたことがない人はいないでしょう。「マネジメントを発明した人」「経営学の父」「経営学者」など、さまざまな呼び方をされる人物です。
　1909年、オーストリアで生まれたドラッカーは、ドイツに学び、英国でキャリアをスタートし、米国での活躍で世界的に知られるようになりました。激動の20世紀をまるまる約1世紀にわたって生き、2005年に、30年以上生活し、教壇に立っていた地、米国クレアモントで96歳の誕生日目前に亡くなりました。
　欧米、日本、他のアジア諸国をはじめ、多くの国にドラッカーの読者はいます。事業家だけでなく、学校や政府機関など公的組織のリーダーにも、ドラッカーの著作から学ぶ人が大勢います。また、グーグルをはじめ、新しい成長企業にもドラッカーのマネジメント理論を経営の土台としている会社が少なくありません。

　ドラッカーの語る経営理論は、国、業界、組織の種類にかかわらず、なぜこれほど多くのリーダーに支持されてきたのでしょうか。
　それには大きく4つの理由があると、私は考えています。

①統合性、一貫性
　ドラッカーは、ある意味で「経営（マネジメント）」に関するすべてについて語っています。ミッション、ビジョン、事業環境変化、戦略、イノベーション、マーケティング、リーダーシップ、人と組織、会計、管理、コミュニケーション、情報技術（IT）まで、幅広い経営テーマを網羅しています。

一般的に、あれこれ語りすぎると「軸」が見えなくなる傾向がありますが、ドラッカーの場合は多様な分野を語っても「軸」がぶれません。その軸は、「企業は何のためにあるのか」「人や社会は経営（マネジメント）を通じてどう幸福になれるのか」という、ドラッカー自身の根本的な探求動機とつながった理念でもあります。

　ドラッカーの理論にはこのような「統合性」「一貫性」があるため、「リーダーはドラッカーの著作を読めば、経営の要点（原理原則）を網羅的に学べる」と言われます。経営学者の研究テーマが「細分化」されすぎて本来の目的を見失いやすい現代にあって、ドラッカーの理論が今なお読まれている理由の第一は、そこにあります。

②本質を見抜く洞察力

　「部分や枝葉ではなく、ズバリ『本質』を突いてきますね」

　ドラッカーについて、こう言われる方は多いです。「確かに、そこが最も大事」という原点、課題の本質に気づかせてくれるのがドラッカーです。彼には、なぜそれができたのでしょうか。

　それは、「人間」に関する広範な教養のインプットがあったからです。会計数字だけでなく、人の心理、社会、歴史、哲学、経済、文化、政治など多くの知を融合し、それを踏まえた上で、「会社は、組織は、そこで働く人はどうあるべきか」という結論を導くのがドラッカー流でした。数字に偏ることなく、かといって数字を軽視することもなく（ドラッカーは企業倫理や社会的責任を説く一方で、統計や会計も教えていました）、人や組織に関する全体を俯瞰して考えていたからこそ、最も重要な「本質」をズバリ問いかけたり、言い当てたりすることができたのでしょう。

③「理念」と「実践」のバランス
　ドラッカーは大学で教える一方で、大企業、中小企業、非営利団体、スポーツチーム、学校、病院といった多様な組織の経営を支援し、リーダーや経営者、起業家と時間をかけて語り合いました。一見「学問」の人と思われがちですが、実は学会とは距離を置き、一貫して「実践者」のために仕事をしていたのです。このため、その理論には「理念」「理想」が貫かれていると同時に、「どう実践するか」「実践結果をどう検証するか」といったことにも同じかそれ以上に重きが置かれています。そのような理念と実践の絶妙なバランスが、ドラッカーの特徴でもあります。

④時代を超える「普遍性」
　20世紀を生きたドラッカーは、常に「現在の変化」の中に「未来」を見ていました。直近2、3年で利益をどうあげるか、どう競争に勝つかだけではなく、「何十年と続く重要な変化のトレンドは何か」「企業がこの先も持続的に発展していくために必要なマネジメントの原則は何か」を考えました。
　20世紀に書かれたドラッカーの言葉は、時代を先取りしていたとも言えます。数十年前に書かれたドラッカーの著作を読んでも、「ああ、これは今のうちの会社で起きていることだ」「今、まさにこういう時代になっている」という感覚を持つことが多いのは、そのためです。歴史の大きな流れを踏まえて組み立てられたドラッカーの経営理論は、それだけ説得力があり、時代を超えて（逆に時代が変わるからこそ）、多くのヒントを私たちに与えてくれます。これも、特徴の一つです。

　このように、ドラッカーの語る言葉には、他者が容易にはまねしにくい、極めてユニークな特徴と魅力があります。それが、古今東西多くのリーダーに読

み継がれてきた理由と言えるでしょう。

2. なぜ「英語」で読むのか

　本書が、ドラッカーの著作の要点を英語で読み解くものであること、そして私がなぜそれが大事だと思うかは、「はじめに」でも触れました。ここではその点をもう少し詳しく書きます。
　好むと好まざるとにかかわらず、ビジネスの現場で日本人が自ら「英語で」自分の意見を表現する必要性は、今後間違いなく高まります。真面目なビジネスパーソンは、海外で出版されたビジネス書の日本語版をたくさん読んでいますが、日本語で読んでいる限り、翻訳者というフィルターを介して理解しているわけで、著者の真意を理解しているとは限りません。また、たとえ内容を理解できたとしても、英語で表現することはなかなかできません。それでは、これからのビジネス環境で知識を活用するチャンスを大きく減らしてしまいます。
　学生への英語教育環境が進化し、ビジネスパーソンの英語学習熱とニーズもますます高まる今後は、ビジネス書を「原書」で読む日本人も増えるのではないでしょうか。そうすれば、得られた貴重な知恵、知識を英語と日本語双方で存分に発信し、グローバルな環境で活用することができるからです。
　ドラッカーの言葉の多くは、経営用語の「もと」にもなっています。「innovation（イノベーション）」「customer（顧客）」「value（価値）」「strategy（戦略）」「knowledge worker（知識労働者）」「knowledge capital（知識資本）」「cash flow（キャッシュフロー）」「management by objectives（MBO 目的によるマネジメント）」など、現代のビジネスシーンで使われている一般的な英

語は、ほぼすべてドラッカーの著作がその源流と言っても差し支えありません。そのため、ドラッカーの著作を英語で読むことは、ビジネスシーンで使っても違和感がない、自然な英語を自身の中にインプットしていく上でも、とても有効です。

その他、ドラッカーの著作を英語で読むことのメリットを整理します。

①ドラッカーが本当に伝えたかった意図に、英語で読むからこそ気づくことができる。日本語の訳文とは異なる重要なニュアンスや背景を感じ取ることができる。
②ドラッカーの使う単語や独自の表現から、そのこだわりや主張を発見できる。
③英語のネイティブスピーカーではないドラッカーの英語表現は、比較的平易で理解しやすいので、ノンネイティブの日本人ビジネスパーソンにとって参考になる。

2002年から2年間、米クレアモント大学院大学で生前のドラッカー教授の教えに直接触れ、その著作を英語のまま学んだ私としては、皆さんにもぜひ、ドラッカーの代表作を「原書で読んでみる」ことに挑戦していただきたいです。
　本書に取り上げた英文は、いずれも『イノベーションと起業家精神(Innovation and Entrepreneurship)』(原著)を理解する上で鍵となる重要なものばかりです。ぜひ、英語を実際に声に出して、読んでみてください。その言葉に込められたドラッカーの意図や思いが伝わるだけでなく、日々の現場で英語を使う際にも、それらの言葉が自然に頭に浮かびやすくなるはずです。

3. なぜ『イノベーションと起業家精神 (Innovation and Entrepreneurship)』なのか

「イノベーション」という言葉ほど、よく使われているのに意味が明確でない言葉もないでしょう。

イノベーションとは、技術革新に限りません。ドラッカーが言うように、「変化を機会（チャンス）と捉えて、その変化を活かして新しい価値を生むこと」がイノベーションです。私は仕事の現場では、もう一歩具体的に、「資源の生かし方を変えることで、新しい顧客価値や満足を生むこと」と説明したりもします。

ここでいう資源とは、社員の能力、その会社の知名度、技術力、立地といったさまざまなものを指します。時代の変化に合う形で資源の生かし方を変えて、新しい価値や顧客の満足を生むことが、イノベーションです。そこに新技術や新素材などの「新資源」が関係する場合も、そうでない場合もあります。

そのイノベーションという手法を使って、新しい価値を生む事業を立ち上げる人が「アントレプレナー（起業家）」です。必ずしもベンチャー事業をゼロから立ち上げる人だけではありません。既存企業で働いていても、また学校や政府機関など非営利組織で働いていても、「新しい価値のある事業を提案し、起こしていく人」はいずれも「アントレプレナー」です。

エネルギー資源に恵まれない日本が世界有数の経済大国になった背景には、多くの「アントレプレナー（起業家）」の存在がありました。松下幸之助や本田宗一郎、井深大、盛田昭夫など、「時代の変化にチャンスを見いだし、新たな資源を活用し、新しい価値を生み出した」起業家たちが、世界から尊敬を集める豊かで安全な社会を生み出しました。その意味で、日本は「起業家立国」であるとさえ思います。

しかし、偉大な起業家たちが立ち上げた企業も、時を経て大規模化する中で、過剰なまでに管理思考が強まり、それが人の創造性を抑えつけています。残念ながら、イノベーションとアントレプレナーシップ（起業家精神）を発揮しにくくなっているのが日本の現状です。そこに、私たち日本人が、イノベーションとアントレプレナーシップについて学びなおすことの意義があります。

　原著は、1985年、ドラッカー75歳のときの著作です。出版に至るまでの30年以上にわたり、ドラッカーは「イノベーション」と「起業家精神」について調査し、多くの事例や起業家を取材・観察しました。実際、この著作の中には、古今東西の豊富な事例が紹介されています。
　さらにドラッカーは、イノベーションの「結果」よりも、イノベーターの「着想の仕方」「考え方」に注目しています。この原著のメリットを一言で言えば、イノベーター、アントレプレナーの「思考」「考え方」をたどることで、「それなら自分でもそのような考え方はできる」と思わせてくれることでしょう。イノベーションについてこのような捉え方をしている書籍は、他にはないはずです。とても特徴的な本です。

　原著は、ドラッカーの著作の中でも3本の指に入る重要なものです。ドラッカーのマネジメント論の本質的な目的は、「イノベーションを起こしていくこと」にあるからです。特に、日本社会や日本企業が今日ぶつかっている課題を解決する上で、この本はたくさんのヒントを示してくれます。
　しかし、この本の内容を詳しく解説した書籍はこれまでほとんどありませんでした。イノベーションの機会の発見方法、起業家的な組織マネジメント、そして起業家的な戦略まで、全体的・網羅的に書かれているので、全体像を正確につかむことが逆に難しいと思われているのかもしれません。しかし実際は、

本書を読めば、その内容がとても体系立っていて、シンプルで要点をつかみやすいものであるとわかるはずです。

本書の構成と使い方

本書は、ピーター・F・ドラッカーの『イノベーションと起業家精神』のエッセンスを抜粋して、英語のまま理解するためのポイントをまとめた本です。より理解を深めるために、原著と合わせて読むことをおすすめします。ページを読み進める前に、以下をご一読ください。

■本書の定本
Innovation and Entrepreneurship, Peter F. Drucker, HarperCollins Publishers ペーパーバック版（ISBN: 978-0-06-085113-2 / 0-06-085113-9）
引用した英文、その英文が記載されているページは、この定本をもとにしています。

■本書における表記
「原著」= *Innovation and Entrepreneurship*
「部」=原著の Part I-III
「章」=原著の Chapter 1-19
原著には19の「章」と、より大きな区切りの3つの「部」があります。本書の構成も、これらの区切りに沿っています。
また、原著でイタリック体になっている文字は、本書でも同じ表示にしています。

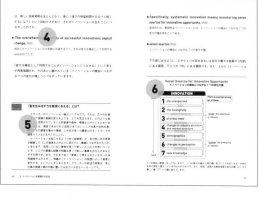

1. 原著のここを読もう！
対象としている原著の「部」「章」を表しています。

2. サマリーと読みどころ
対象となる章の要約、ポイントを示しています。ここを読めばエッセンスをつかむことができます。この内容を頭に入れて原著を読んでみましょう。

3. 読み解きたいポイント
対象となる章で語られている課題を明示しています。問いに答えることを意識して読んでみましょう。

4. 読み解くべきキーワードとキーセンテンス
実際に原著を読む上で、注目すべきキーワード、キーセンテンスを紹介し、なぜその言葉が使われているのかなども説明しています。ドラッカー思想に対する理解をさらに深めることができるでしょう。

5. コラム
実際のビジネスシーンにおいて、ドラッカーの考えが適用できそうな場面や、解決策になりそうな場面を、著者の経験に基づいた実例を交えながら取り上げています。

6. 図
本文の内容を簡潔に図で表したものです。これらの図は原著にあるものではなく、本書の著者の考えを反映して作成したものです。ドラッカー思想の体系化にお役立てください。

原著の構成と要点

　原著(Innovation and Entrepreneurship)の3つの部の構成とそれぞれの要点について、簡単にご説明します。

Part I　The Practice of Innovation
（イノベーションを起こす）

　Part Iは主に、「イノベーションを起こす（イノベーションのきっかけを発見する）方法」について書かれています。最初に、イノベーションは天才のひらめきやギャンブルではなく、見るべきもの、着眼すべき点を知れば、誰にでも実践できる「体系的知識である」と解説されています。

　ドラッカーは、イノベーションを起こすには、社外で起きている「変化」に着目し、その変化を活かすことが重要だと言います。ただ、社会の変化を観察すると言っても、やみくもに探しても何も見つかりません。そこで、ドラッカーは、さまざまなイノベーションの成功事例を観察した上で体系化した「7つの変化の種 (seven sources for innovative opportunity)」を、このPart Iで一つひとつ丁寧に説明していきます。この「7つの変化の種」はかなり実用的です。実際の事業において、イノベーションの機会を分析し、発見する上でとても役立つはずです。

Part II　The Practice of Entrepreneurship
（起業家的にマネジメントする）

　Part IIは、組織を「起業家的に経営（マネジメント）する」にはどうすべきかが書かれています。既存の企業、公共サービス機関、ベンチャー企業という性質のだいぶ異なる3つの組織タイプごとに、3章に分けて解説されています。ドラッカーはこのいずれにおいても、イノベーションが起きやすい「起業

家的なマネジメント」を行うことが可能であり、それが重要だと述べています。

　どのような組織にも適用できる「起業家的なマネジメント」の共通原則がある一方で、各々の組織タイプごとに全く異なる観点でマネジメントすべきこともあります。例えば、ベンチャー事業のマネジメントで留意すべきことと、既存の大企業のそれとは異なっています。また、公的サービス機関にも公的組織特有の注意すべきポイントがあります。これらについて、さまざまな実例が紹介され、「考えるべきこと」「実施すべき策」「やってはならないタブー」などが、体系立ててわかりやすく解説されています。

Part III Entrepreneurial Strategies
（起業家的に戦う〜戦略〜）

　Part IIIは、イノベーションと起業家精神により生み出された「アイディア」「発想」を実際に事業としてどう成功させるかという観点で、「起業家的な戦略」が詳しく解説されています。4種類に大別された起業家の戦略が、さらに詳細な戦略に分類され、わかりやすい事例とともに解説されています。起業家がとるべき戦略にどのようなものがあり、それぞれにどのような特徴、メリット、デメリットがあるか、またそれぞれのリスクをどう捉えるべきかが書かれています。一口に起業家といっても、これだけ多様な戦略の選択肢があるのか、ということを気づかせてくれます。

1 「序文」と「イントロダクション」

原著のここを読もう！
Preface (P vii-ix)
Introduction: The Entrepreneurial Economy (P1-17)

サマリーと読みどころ

　ドラッカーは Preface（序文）を、「この本は、誰もが実践（practice）し、訓練（discipline）できるものとしてイノベーション（innovation）とアントレプレナーシップ（entrepreneurship）を語っている」という言葉で始めています。続けて、「心理（psychology）や起業家個人の性格特性（character traits of entrepreneurs）ではなく、その具体的な行動（actions）と習性（behavior）に注目した」と述べます。

　ここに、原著の大きなテーマがあります。イノベーションやアントレプレナーシップ（起業家精神）というと、「天才的資質」「ひらめき」「大規模な技術革新」といったことを思い起こす人が多いかもしれません。しかし、ドラッカーは、イノベーションとアントレプレナーシップは誰もが学べるし、日々の仕事で実践して成果をあげられるものだと伝えています。

　原著は、第1部「The Practice of Innovation（イノベーションを起こす）」、第2部「The Practice of Entrepreneurship（起業家的にマネジメントする）」、第3部「Entrepreneurial Strategies（起業家的に戦う～戦略～）」の3つに分かれています。順を追って読むと、イノベーションの種をどのように発見するか、どう組織をマネジメントするか、どのような戦略をとるのが起業家にとっ

て有効か、が理解できる流れになっています。

　また、ドラッカーが数十年に及ぶイノベーションと起業家精神についての研究の中で観察した、大企業、ベンチャー企業、非営利組織、公共サービス機関などの豊富な事例が紹介されていて、どのエピソードを読んでも具体的なイメージが湧いてくるはずです。

　こうした原著の特徴を、ドラッカーは Preface で簡潔に紹介しています。わずか3ページの序文ですが、著者であるドラッカーの意図とスタンスが明快に示されているので、最初に頭に入れると、全体を理解しやすくなるはずです。

　次の Introduction のキーワードは、タイトルの一部にもなっている「Entrepreneurial Economy（起業家経済）」です。1965～85年の20年間、米国は製造業の衰退によって、雇用が大幅に減少すると懸念されていました。しかし、結果として、減少を補って余りある雇用増加となったことにドラッカーは注目します。そして、この驚くべき現象を生み出したものこそ、新しい起業家が次々に誕生して経済を成長させる「起業家経済」であったという前提に立ちます。

　また、起業家によるイノベーションは、ハイテク産業や巨大企業というより、むしろ比較的サイズの小さい組織や、教育・医療といった公共サービス機関でこそ盛んに行われてきたとドラッカーは言います。社会と経済の「変化」を観察し、そこから広く応用できるヒントを見いだすドラッカーの特徴的な考え方が描かれています。日本に関する見解も随所に紹介されています。

　ドラッカーは、原著を書いた1985年前後の視点で、そこから先の「未来」を見ていました。書かれたことが現実になっているものも多く、あらためてドラッカーの洞察力、時代の変化を読む眼力に感心させられます。産業や企業発展の歴史、ドラッカーの「時代の見方」を学ぶつもりで、楽しみながら読んでいきましょう。

💬 読み解きたいポイント

Preface と Introduction には、本論の内容をより深く理解するための前提情報が多数含まれています。ドラッカーの意図や課題認識の背景を読み解きましょう。

➤ ドラッカーは、イノベーションと起業家精神を語る他の書籍と比べ、自身の著作はどのような点でユニークだと説明していますか。
➤ 一般的に曖昧に捉えられがちな「アントレプレナーシップ（起業家精神）」をドラッカーはどのように定義していますか。
➤ 第1部～第3部の要点として、どのようなことが書かれているでしょうか。皆さんが最も興味を引かれるのはどこでしょうか。
➤ ドラッカーの著作は、必ず「社会的な課題」からスタートします。社会で起きている変化を観察し、それに対する処方箋を示すのがドラッカーです。彼が原著を著そうと考えた最大の動機は、どのような社会変化に関心を持ったからでしょうか。
➤ 「イノベーション」と「マネジメント」は、どのようなつながりがあるとドラッカーは語っていますか。
➤ 皆さんが原著を読みたいと思う理由は何ですか。この本を読むことで、どのような知識・情報を得たいですか。

🔍 読み解くべきキーワードとキーセンテンス

「序文」と「イントロダクション」は、主に経済・社会的な視点からのドラッカーの分析になります。本論に関連するキーワードはさほど多くありませんが、以下の言葉の解釈を理解しておくと、全体を読み進める上で役立つでしょう。

Preface

● **entrepreneur** (P vii)
「企業家」または「起業家」。前者は、広く「事業を企てたり、経営したりする人」を指すのに対し、後者は「新しい価値を生み出す事業を起こす人」を意味します（本書では、後者の「起業家」を採用しています。entrepreneurship の説明は 34 ページ参照）。

● **It does not talk of the psychology and the character traits of entrepreneurs; it talks of their actions and behavior.** (P vii)
この本は、起業家たちの心理 (psychology) や性格的特性 (character traits) を論じるのではなく、実際の行動 (actions and behavior) にフォーカスを当てて論じる。

起業家に関する一般的な書籍との「違い」を伝えています。

● **entrepreneurship as purposeful tasks that can be organized** (P vii)
体系的に説明できる、意図的な仕事としての「起業家精神」

一般的に曖昧で、ひらめきやギャンブルのように捉えられがちな起業家精神 (entrepreneurship) に対し、ドラッカーが明確な意味づけと体系化 (be organized) をしようとしている意図が現れた言葉です。

● **as part of the executive's job** (P vii)
経営者の重要な仕事の一部として

イノベーションと起業家精神を発揮することは、ひらめきのある一部の天才の活動ではなく、成果をあげるために「経営者として意図的に取り組むべき仕事 (the executive's job)」だという意味で書かれています。

- **Entrepreneurship is neither a science nor an art. It is a practice.**
  (P viii)
  起業家精神は科学 (science) や芸術 (art) ではなく、「実践行動 (practice)」だ。

何ごとにおいても実践重視の、ドラッカーのスタンスが現れています。

Introduction: The Entrepreneurial Economy

- **entrepreneurial economy** (P1)
  タイトルにある言葉で「起業家経済」を表します。従来の安定した産業構造の中で富や雇用が確保される経済ではなく、新しい事業を創造し、立ち上げていく起業家たちが経済を牽引していく形を意味しています。ここでいう起業家は、いわゆるベンチャー起業家に限らず、大企業や公共サービス機関で新しい事業を提案し、起こしていく人も含みます。

- **"Kondratieff stagnation of the economy"** (P1)
  「コンドラチェフの波による経済停滞」。ロシアの経済学者コンドラチェフによる研究成果から命名された景気循環説です。

- **"smokestack" industries** (P1)
  文字どおり「煙突 (smokestack) の産業」で、歴史の古い重工業などの産業を象徴しています。

- **"baby boom"** (P2)
  「ベビーブーム、第二次世界大戦後の出生数増加」。特にアメリカにおいては、1946年から50年代末までの大幅な出生数増加を意味することが多く、ドラッカーもその認識で使っています（93ページにも登場）。

- **"deindustrializing" America** (P2)

「工業化 (industrialize) を脱するアメリカ」という意味です。工業化をやめるという意味ではなく、それまでの工業化一辺倒の流れから脱していく、という解釈でよいでしょう。

- **Since the end of World War II, however, the model of technology has become the biological process, the events inside an organism.** (P3)

しかし第二次世界大戦後、技術モデルはより生物学的な (biological) プロセス、生き物の中で起きる営みのような形に変化した。

経営における技術の活用が、より「生物学的な (biological)」ものに変化したと言っています。機械的に技術を追求する経営から、技術を生き物のように考える方向に変わったという意図で、「organism（生命体）」という言葉を使っています。

- **They are organized around information.** (P4)

仕事の進め方は情報を中心に組み立てられている。［They は原著の前文にある processes。］

前述の「生き物的な」技術モデルへの転換の象徴として、ドラッカーは仕事の進め方が「設備や機械」中心の考え方から（人間がやりとりする）「情報 (information)」を中心としたスタイルに変化したと語っています。ドラッカーが企業の「情報化」とそれに伴うマネジネントの変化を、数十年以上前から予見していたことがわかります。情報化の急速な進展による大きな社会変化に気づいたことは、ドラッカーが原著を執筆する動機にもなりました。

- **The "new technology" is entrepreneurial management.** (P11)
「新しい技術」とは、起業家的なマネジメントである。

アメリカを中心に、予想を覆す仕事と雇用の増加をもたらしたものが、「起業家的マネジメントという新しい技術」であったとドラッカーは語っています。

- **Joseph Schumpeter** (P11)
ヨーゼフ・シュンペーター。ドラッカーと同じくオーストリアのウィーン生まれの有名な経済学者です。「創造的破壊（Creative Destruction）」という言葉を世に送り出し、起業家のイノベーションによる経済発展を提唱しました。ドラッカーの父と親交があった関係で、ドラッカー本人も幼少期から接点があり、その思想にポジティブな影響を受けました（詳しくは57ページ参照）。

- **society of organizations** (P15)
「組織社会」。ドラッカーが頻繁に使う言葉です。多くの人が営利、非営利問わず、さまざまな組織（organization）に所属し、また組織とかかわって仕事をする社会（society）を意味しています。このあとに登場する「employee society（雇用されることが中心の社会）」も類語です。農業や職人技能など、個人が直接組織とかかわらずに生計を立てることが一般的だった社会との対比として使われる言葉です。「組織社会」の到来こそが、「マネジメント」の重要性が高まった理由であるとドラッカーは考えました。

- **knowledge worker** (P15)
「知識労働者」。ドラッカーが提唱し、また頻繁に使う言葉です。肉体労働者が自分の体力と労働時間を提供し対価を受け取るのに対して、知識労働者は専門知識や知恵、情報などの目に見えない「知」を提供して対価を受け取ります。

- **"deinstitutionalizing"** (P16)
「制度化による複雑な手続きから脱すること」。ここでは、「従来の組織の既成概念や形式主義から解放される」というニュアンスで使っていると思われます。

- **"value"** (P17)
これもドラッカーがよく使う言葉の一つです。「(顧客にとっての) 価値」という意味です。

- **the principles, the practice, and the discipline** (P17)
同じく、ドラッカーのマネジメント論の中でしばしば使われる表現です。「原則 (principles)、実践 (practice)、(自己) 規律 (discipline)」という意味で、いずれもマネジメントが成功するための基本条件として、ドラッカーが一貫して重要性を強調してきた考え方です。

言葉の意味を「具体的に」掘り下げ、行動につなげよう

　多くの企業を支援していていつも不思議に思うことがあります。それは、使われている「ビジネス用語」は非常に多く、年々増えているのに、「その意味するところ」は深く掘り下げられていないことです。

　原著のメインテーマである「イノベーション」もそのような言葉の代表格です。「イノベーションとは何だろうか」という問いに正面から向き合う人は、どれだけいるでしょうか。

　他にも、「リーダーシップ」「ダイバーシティ」「戦略」「ビジョン」「人材育成」など、企業でよく使われるビジネス用語をあげればきりがありません。

　言葉は、意味と具体的なイメージが伴うことで、実行しやすくなります。例えば、「リーダーシップがあるとは、具体的にはどのような行動ができることか」というところまで落とし込むと、「行動」を引き出しやすくなります。

　ドラッカーが、イノベーションや起業家精神の具体的な「行動(actions)」や「習性や習慣(behavior)」に注目する最大の理由もそこにあります。具体的なことに落とし込んで定義できてこそ、より多くの人が「再現」「実践」しやすくなるからです。

　用語に唯一絶対の正解があるわけではありません。「この言葉が本質的に意味することはどういうことだろう」という問いを立て、自分で、または同僚と一緒に考えてみることで、具体的なイメージが少しずつ共有されていきます。まずは具体的に行動をイメージしてみることから始めてみましょう。

第**1**部
イノベーションを起こす
THE PRACTICE OF INNOVATION

2 イノベーションを実現する方法

> 原著のここを読もう！
>
> I **THE PRACTICE OF INNOVATION** (P20)
>   1. Systematic Entrepreneurship (P21-29)
>   2. Purposeful Innovation and the Seven Sources for Innovative Opportunity (P30-36)

サマリーと読みどころ

　第1部には、タイトルにあるとおり、「イノベーションを実現する方法(the practice of innovation)」が詳しく書かれています。ドラッカーは、この第1部で、「イノベーションとは起業家こそが使いこなせる『道具(specific tool of entrepreneurs)』だ。それは、変化を機会として活かし(exploit change as opportunity)、これまでと異なる新たなビジネスやサービスを生む方法である」と定義します。そしてさらに、「訓練(discipline)」し、「学習(learn)」することで、誰もがイノベーションを「実践(practice)」することができると明言しています。一般に、曖昧で一部の天才のひらめきのように捉えられがちなイノベーションを、意識して学ぶことで誰もが実践できるものとして定義していることが原著の最大の価値と言えるでしょう。

　第1部冒頭の2つの章「Systematic Entrepreneurship」と「Purposeful Innovation and the Seven Sources for Innovative Opportunity」では、本のタイトルにある entrepreneurship と innovation という2つのキーワードについて、その定義がさまざまな事例を用いて詳細に書かれています。ドラッカーは、

単に新しい会社や事業を始めることが entrepreneurship なのではなく、何らかの新しい価値、他との違いを明確に生み出すことがその条件であると言います。

　また、innovation は、目的意識を持った、意図的なものであるべきだと強調します。天才のひらめきや、一か八かのギャンブルに頼らない、誰もが再現できる方法論として、イノベーションを定義します。その具体的方法として、「イノベーションの機会につながる７つの変化の種 [seven sources for innovative opportunity]」の全体像を示しています。この７つは、自社や自社が属する業界内部の視点（最初の４つ）と、業界外部の視点（あとの３つ）に分かれていて、さらに上から順に、容易なものから難度の高いものの順で並んでいます。

　この２つの章を読むだけでも、これまで曖昧にイメージされがちだった「イノベーション」「起業家精神」について明快な像を描くことができるでしょう。

🗨 読み解きたいポイント

- ドラッカーは、entrepreneurship の定義として、どのようなことが重要だと述べていますか。本文に登場するいくつかの事例の意味を考えながら、読み解きましょう。
- 組織の規模と entrepreneurship の関係については、どのようなことが述べられていますか。
- 大学や病院など、企業以外の組織で entrepreneurship がどのように活用されうる（活用されてきた）と述べていますか。
- entrepreneurship とリスクについて、ドラッカーはどのような見解を述べていますか。
- 明確な意図と目的を持ってイノベーションを実践するために、どのようなことが必要だとドラッカーは述べていますか。

🔑 読み解くべきキーワードとキーセンテンス

1. Systematic Entrepreneurship

● **systematic** (P21)

　systematic は、原著で特に頻繁に使われる言葉の一つです。「体系的な」「意図的な」といった意味があります。序文にも書かれていたとおり、ドラッカーが原著を著した最大の動機は、イノベーションを一部の天才のひらめきや難度の高い科学技術的発明ではなく、誰でも実践できるものへと再定義することでした。この systematic という言葉には、「意図と目的を持った」というドラッカーのこだわりが込められています。systematic innovation、systematic entrepreneurship などのように、systematic をつけることで可能な限り曖昧なイメージを排除し、そこに誰もが実践可能な「体系」「パターン」を発見しようとする意図を示しています。

● **entrepreneurship** (P21)

　「アントレプレナーシップ（起業家精神）」。この言葉は、この章を読めば「企業家精神」よりも「起業家精神」と表記することが適切であると実感できます。「企業家」とは、広く「企業、会社を経営している人」を指します。一方、原著の中でドラッカーが述べているとおり、entrepreneur は単に会社や事業を新たに始める人でも、会社を経営している人でもなく、事業を通じて「新しい価値」「意味のある違い」を生み出す人です。従って、従来の価値を変え、新しい価値を生み出す意味の強い「起業家精神」という言葉が日本語訳として適切でしょう。

● **they change or transmute values** (P22)

　[顧客が感じる] 価値を変化、変容（transmute）させる

起業家と呼ばれる人たちは、何か新しい商材を作り出すというよりもむしろ、その商材提供によって得られる「価値」の方を変化させているのだ、とドラッカーは強調しています。

● **change agent** (P23)

ドラッカーがよく使う言葉の一つです。「変革の先導役」という日本語訳が合うかもしれません。例えば、ある業界で常に他社に先駆けて新しい取り組みを行う会社があるとすれば、その会社は change agent です。この言葉は、もちろん会社単位でも、また個人にも使える言葉です。会社の中にいても、常に新しい変化に貪欲に意識を向けて、変革の先頭に立っているような人は間違いなく change agent と呼べるでしょう。

J. B. セイの言葉にあるイノベーションの「現場で使える」ヒント

The entrepreneur shifts economic resources out of an area of lower and into an area of higher productivity and greater yield. (P21)
起業家とは、資源の生産性や収益性が低い領域から高い領域へと、資源を移動させる人である。

　本文の最初でドラッカーが引用している、フランスの経済学者 J. B. セイ（1767〜1832）の言葉です。ドラッカーは、「このセイの言葉だけでは起業家とはそもそもどのような人か、説明が不十分だ」と言いつつも、彼の定義に一定の理解を示しています。
　実際に、私がコンサルタントとして企業の現場でイノベーションの意味を最初にシンプルに伝えたいとき、このセイの定義をよく使います。「つまり、資源の生産性が低い領域から高い領域へ、資源をシフトすることだと考えてください。必ずしも、難しい技術革新や投資をする必要はないのです」と話すと、イノベーションの意味を理解してもらいやすいです。英語を使う環境でも、上記の言葉を使えば、明快に意図が伝わるでしょう。

- **Entrepreneurship is thus a distinct feature whether of an individual or of an institution. It is not personality trait;** (P25)

アントレプレナーシップ（起業家精神）とはこのように、個人であれ、組織であれ、他とは全く異なる特徴的な姿勢 (distinct feature) を指す。それは、人の性格的な特性 (personality trait) のことではない。

ここまでさまざまな業態、役職、立場の例を取り上げて事例を説明してきたドラッカーが、総括としてアントレプレナーシップ（起業家精神）とは「性格的な特性 (personality trait)」ではなく、他の人とは全く異なる「特徴的な姿勢 (distinct feature)」であると強調しています。彼がここで言いたいのは、起業家に向く性格、向かない性格はなく、起業家としての姿勢や考え方を実践できるかどうかが重要である、ということです。

- **And its foundation lies in concept and theory rather than in intuition.** (P26)

起業家精神の根本は、直観 (intuition) ではなく、その考え方 (concept) とセオリー (theory) にある。

ドラッカーは人間の直観や右脳（感覚）的な発想も、起業家精神を発揮する上で非常に重要ではあるけれども、その根本は「理論」として体系的に示し、意図的に実践できるものだと、ここでも強調しています。

- **The theory sees change as normal and indeed as healthy.** (P26)

そのセオリーとは、変化を当然かつ健全なものと見ることだ。

ドラッカーは、イノベーションとは起業家だけが使いこなせる道具であり、それは「変化」を「機会」として利用することだ、と言います。上記の文にもその意図が現れています。「世の中の変化は起きて当たり前であり、変化があるからこそ健全な社会だ。だから臆することなくそれを活用しよう」と

いうのがこの文の意図です。

- **... doing something different rather than doing better what is already done.** (P26)

既に行なわれていることをよりうまくやるのではなく、これまでと違う何か (something different) を行うこと。

起業家精神を発揮するとは、そういうことだとドラッカーは語っています。

- **creative destruction** (P26)

創造的破壊

シュンペーターの有名な言葉です。ドラッカーはシュンペーターに幼少期から影響を受けてきたので、この「既存のものを創造的に破壊する」という考え方にも共鳴しています。既存のものをただ壊すのではなく、その次に新しいものを創り出す意図を持ち、古く機能しにくくなったものを壊す、という考え方です。

- **... expect entrepreneurship to be considerably less risky than optimization.** (P28)

資源の最適配分 (optimization) に甘んじるよりも起業家精神を発揮する方が、よほどリスクが低い (less risky) と見なす。

ここまでの総括として、ドラッカーは「起業家精神を発揮することとリスクの関係」について述べています。起業家精神は思いつきやひらめきではなく、訓練し、体系的・意図的に実践できるものです。さらに、少しでも成功すれば大きなリターンが得られるのも起業家精神の特徴です。こう考えると、単に既存のビジネスの資源を最適配分することよりも、起業家精神を発揮することの方が何倍もリスクが低い、というドラッカーのメッセージです。

- **Entrepreneurship is "risky" mainly because so few of the so-called entrepreneurs know what they are doing. They lack the methodology.** (P29)

起業家精神を発揮することが「リスク」になることがあるとすれば、いわゆる起業家と呼ばれる人たちが、自分たちが何を行っているかわからないときだ。彼らが方法論 (methodology) を持たないとそうなる。

ドラッカーの有名な言葉です。ここまでダイレクトな表現をすると、おそらく反論したくなる人も多いでしょう。彼がそうまでして強調したいのは、終始一貫して、「起業家精神はギャンブルではなく、体系的・意図的に実践できるものだ」ということです。逆に、原著の中に書かれたことをしっかりと学び、身につければ、頭の中で「自分は何を、どう進めているか」がクリアになり、無駄にリスクを感じることが少なくなるよ、というのが彼の伝えたいことなのです。

Column 「起業にはリスクが伴う」は当然か

「起業家精神にリスクが伴うのは、起業家自身が『自分が何を行っているか』わからないからだ」という前述の言葉。初めてこの言葉に触れたとき、私自身、大きな衝撃を受けました。多くの人と同様、私も「新事業を立ち上げていくことには大きなリスクが伴う」と感じていたからです。

「新事業だから、リスクはあって当然。あまり分析的に考えても仕方ない。まずやってみないとわからないよ」

こういう言葉がよく聞こえてきます。勇敢な、起業家らしい言葉です。当然、起業家にとっては「実行」が最も重要です。しかし、「リスクをとる」という言葉を盾に、必要な観察や分析、議論が軽視されてしまう風潮も否めません。「当たるも八卦当たらぬも八卦」では、あまりにも危うい。しかも、社会にとっても会社にとっても、もちろん個人や家族にとっても、起業家の決断は重要です。その重要な決断を確たる自信に変えていくために、イノベーションの方法と起業家精神を「体系的に」スキルとして身につけることが大切です。ドラッカーの著作には、そのための知恵と情報が満載です。きっと起業家にとって心強い武器になるはずです。

2. Purposeful Innovation and the Seven Sources for Innovative Opportunity

● **purposeful innovation** (P30)
目的を持った（目的意識を明確にした）イノベーション

前章の systematic という言葉とこの purposeful はニュアンスが近いです。目的や意図を明確にして、体系立ててイノベーションを実践していこう、というドラッカーのメッセージがこの言葉に現れています。

● **Innovation is the specific instrument of entrepreneurship. It is the act that endows resources with a new capacity to create wealth. Innovation, indeed, creates resource.** (P30)
イノベーションとは、起業家精神を実践するために不可欠な道具である。それは、富を生み出す新たな余力を資源に与えてくれる。さらに、イノベーションは、資源を創出する（それまで資源でなかったものを資源に変えてしまうこともある）。

原著の中でも、特に重要な言葉です。イノベーションの発想をすることによって、人であれ、モノであれ、「資源（resources）」に対して新たに富を生み出せる力を与えることができる、と言っています。

● **... what really mattered was to make the time in port as short as possible.** (P31)
本当に問題だったのは、港での停留時間をなるべく短くすることだった。

この文の前に書かれている貨物船（cargo vessel）の例はわかりやすいです。貨物船を「船」ではなく「運搬機材」という「資源」として再定義したことで、トラックの荷台をそのまま車体から切り離し、運搬船に乗せるという発想が生まれ、新しい富の余地が生まれたとドラッカーは解説します。そこに

は、新しい技術発明はほとんどなく、単に「港での停留時間をなるべく短くするには？」という目的だけがあり、それがイノベーションを生むことにつながったのです。

● **The overwhelming majority of successful innovations** *exploit* **change.** (P35)
成功したイノベーションの大多数に共通すること、それは変化を機会として利用する (exploit) ことだ。

「変化を機会として利用することがイノベーションにつながる」という考えが再度強調され、そのあとに書かれている「イノベーションの機会につながる７つの変化の種」へとつながっていきます。

「富を生み出す力を資源に与える」とは？

　　ドラッカーのイノベーション論はシンプルです。それは、日々の仕事において現場の意識を変える上でも、とても役立ちます。どのような組織にも、活用されていない人的資源や商材、情報などがたくさんあります。例えば、優秀であるけれど活用できてないシニア社員や女性社員、顧客からの要望を集めた情報、これまで培った顧客とのネットワークや顧客リストなどもそうでしょう。
　　イノベーションを起こせる人（つまり起業家）は、目の前にある資源を観察して、「この資源をどのように活かすと、業績につながるだろうか」と考えます。活用していない建物を使って新しいビジネスを思いつくことや、シニアの貴重な経験や知識を使って新しい事業を立ち上げるなどがその例です。また、それまで全く「資源」と考えられていなかった自然植物やエネルギー、知識が「イノベーション」の発想によって資源に変化する、ということすらあります。ドラッカーの前述の言葉は、常に仕事の現場で頭の片隅に置いておきたい大切なメッセージです。

- **Specifically, systematic innovation means monitoring *seven sources* for innovative opportunity.** (P35)

  具体的には、意図的なイノベーションとは、イノベーションの機会につながる7つの変化の種を探ることである。

- ***seven sources*** (P35)

  イノベーションの機会につながる7つの変化の種

下の図にあるように、上から4つが自社あるいは自社の属する産業の「内部」にある要因、下3つが「外」にある要因です。また、上から「イノベーショ

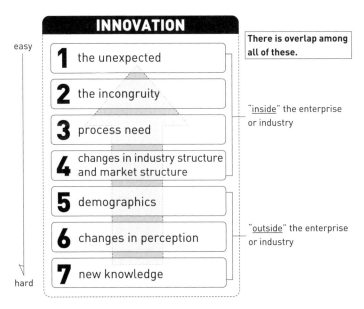

7つは相互に関連し合ってもいるので、一つの変化の種から別の種に気づくこともあります。中央の矢印が相互に重なっているのはそのためです。また、発見・活用が比較的容易な変化の種（上）から難しい種（下）へと順に並んでいます。

ンを起こしやすい」順に並んでいます。さらに、これら7つはバラバラな事象ではなく、相互に関連し合って（overlap して）います。例えば、「1. 予期していなかった結果」から、「6. 認識の変化」に気づくこともあります。

〈内部要因〉

1. *The unexpected*
予期していなかった結果（成功であれ、失敗であれ）から、その結果の背後に生まれている変化をイノベーションの機会として捉える考え方です。

2. *The incongruity*
「ズレ」や「ギャップ」が生まれている個所からイノベーションのチャンスが生まれやすい、という考え方です。

3. *Innovation based on process need*
業務やサービスの一連の流れ（process）を観察し、その中に潜んでいるイノベーションを起こす機会（満たされていないニーズ）を発見していこう、という考え方です。

4. *Changes in industry structure or market structure that catch everyone unawares.*
多くの人が気づかない、業界構造や市場構造の変化に注目し、そこからイノベーションの機会を探ろうという考え方です。（例：競合他社の数、新規参入の状況、顧客の業界における構造変化など）

〈外部要因〉

5. *Demographics (population changes)*
ドラッカーが多くの著書の中で非常に重視しているのが、この「人口動態（人口や人の動きに関する変化）」です。人口動態にイノベーションにつながる重要な機会が潜んでいる、という考え方です。

6. *Changes in perception, mood, and meaning*
大きな社会的出来事や災害によって人々の「認識（perception）」や時代の雰囲気、物事の意味づけが変わることがあります。昨今では、働き方や安

全に関する認識の変化、女性と男性の家庭内での役割に関する認識の変化などがあげられるでしょう。これらの認識の変化に、イノベーションの機会を発見しようとする考え方です。

7. *New knowledge*, both scientific and nonscientific

技術的、科学的、あるいはそれ以外も含めて「新しく生まれてくる知識」をヒントにイノベーションの機会を探る考え方です。

第3章から、ドラッカーは、これら7つにつき一つひとつ、わかりやすい事例を使って解説していきます。日本語よりも英語で読んだ方が、イメージが伝わりやすいものも多いです。楽しみながら読み進めてください。

「7つの変化の種」は実務でも本当に使える

　昨今、どの会社でも「イノベーションの重要性」が叫ばれています。営業面のイノベーション、新商品のイノベーション、仕事の進め方のイノベーション。さまざまな「イノベーション」が期待されています。しかしながら、現場を観察すると、「イノベーション」という言葉の意味が明確に定義・共有されずに何となく曖昧なまま進んでいるケースがほとんどです。そこに、「変化を機会として利用するのがイノベーションだ」という明快な定義を持ち込んでくれたのがドラッカーです。

　私自身、あるベンチャー企業で事業開発責任者を務めていた時期に、この定義にずいぶん助けられました。何しろ、新事業のネタというのは、多様なテーマや事例があるだけに、延々と話が広がってしまい、的が絞れません。何を基軸に新事業案を考えればよいか、見えなくなってしまいます。その中で、ドラッカーの「変化を見ろ。その中にイノベーションの機会がある」という助言は、自分に明確な視点を与えてくれました。さらに、ドラッカーはその視点を「まずは、この7つだよ」と親切に定義してくれるのです。

　第3章以降でも詳しく述べますが、この7つの視点は、とてもシンプルで明快なヒントを与えてくれます。

3 1つ目の種
——予期していなかった結果

1 the unexpected
2 the incongruity
3 process need
4 changes in industry structure and market structure
5 demographics
6 changes in perception
7 new knowledge

| 原著のここを読もう！
| **I THE PRACTICE OF INNOVATION**
| 3. Source: The Unexpected (P37-56)

📚 サマリーと読みどころ

　いよいよ、「イノベーションの機会につながる７つの変化の種(seven sources for innovative opportunity)」の具体的な解説に入ります。ドラッカーは「何をどのように観察すれば、イノベーションの機会を発見しやすいか」を、この７つのsourceを通じて教えてくれます。その最初が、第３章で扱うthe unexpectedです。

　the unexpectedとは、文字どおり「予期していなかった結果」です。「予期していなかった結果を観察するって？」「それがどうイノベーションにつながるの？」と不思議に思う方もいるかもしれません。成功したことであろうと、失敗したことであろうと、自身あるいは会社が「予期していなかった結果」には、「イノベーションにつながるヒント」がたくさん隠されているというのがドラッカーの主張です。しかもそれは、コストや時間をかけずとも、意識さえすれば、誰でも実践できる一番容易な「イノベーション」なのです。

　これまでも読み解いてきたとおり、ドラッカーが語る「イノベーション」は技術革新に限りません。資源(economic resources)を活用して得られる「成果」を増やす、すなわち、仕事の生産性(productivity)を高めることがイノベーシ

ョンです。自分たちが「予期していなかった」結果に注目することは、その背景にある自分たちが気づいていなかった新しい社会の変化や、顧客の要求の変化に注目し、資源の活かし方を変えることにつながります。

これは、簡単なことではあるのですが、実践できている人はあまり多くはありません。本文にもあるとおり、自分が意図していなかった結果や事象に対して、謙虚に「この結果が意味することは何だろうか」「自分たちの認識が現実と異なっていたのは、どの点だろうか」と問うことができる人は多くないからです。

この the unexpected の章は、「予期していなかった成功 (I THE UNEXPECTED SUCCESS)」「予期していなかった失敗 (II THE UNEXPECTED FAILURE)」「予期していなかった社外の出来事 (III THE UNEXPECTED OUTSIDE EVENT)」の3つに分かれています。それぞれに、ドラッカーが観察した多様な企業の事例が豊富に示されています。ドラッカーが社会や産業のどのような点に着目して、どのような思考をしていたのか、その考え方を知るだけでも面白い内容です。この章を読めば、「予期してないかった結果」をイノベーションに活かすシンプルな発想法がすっと頭に入ってくるはずです。

💬 読み解きたいポイント

- ドラッカーは、7つの source の中で、この the unexpected をなぜ最初に持ってきたのでしょうか。
- 「予期していなかった結果」は、なぜ、どのように、イノベーションに活用できるでしょうか。
- 予期していなかった結果を活用できる人（組織）とそうでない人（組織）の違いは何でしょうか。
- 予期していなかった結果に遭遇したときに、どのような問いを自らに投げかけることが有効だとドラッカーは語っていますか。

🔑 読み解くべきキーワードとキーセンテンス

THE UNEXPECTED SUCCESS

● **unexpected success** (P37)
予期していなかった（想定外の）成功

例えば、
・ある期間、ホームページへのアクセスが大幅に増えた
・従来から販売している商品が、ある期間、急激に販売数を伸ばした
・主力商品以外のものが予想外に売れ行きを伸ばした
・予想していなかった商品要望や引き合いが、顧客から数多く寄せられた
といったように、自分たちが想定していなかったポジティブな結果、現象、成果などが生まれることがあります。ドラッカーが最初に書いている百貨店メイシーズ（Macy's）の例がわかりやすいでしょう。これは、家電製品の需要がメイシーズの従来の主力商品であるアパレル製品をしのぐほど高まっていた現実を素直に受け入れることができなかった、「予期しなかった（想定外の）成功」への対応を誤った事例として取り上げられています。

● **One reason why it is difficult for management to accept unexpected success is that all of us tend to believe that anything that has lasted a fair amount of time must be "normal" and go on "forever."** (P38)
マネジメントが、予期しなかった成功を受け入れにくいのはなぜだろう。それは、人は誰しも、長い間続いてきたことこそが正常であり、永久にそのまま続くものだと思いがちだからだ。

ドラッカーのこの言葉には、ハッとさせられます。頭ではわかっているつも

りでも、私たちは、普段購入されている商品、交わされている契約、そしてあがっている収益を、ともすると「当たり前」に感じてしまうものです。それが長く続いていればいるほど、そこに何らかの「変化」が起ころうとしているときに、その変化に気づき、柔軟に対応することができないのです。ドラッカーは、その「思考の硬直性」こそが、イノベーションの機会を見逃す最大の要因の一つだと警鐘を鳴らしています。

● **The unexpected success can be galling.** (P39)
予期していなかった成功は、腹立たしく (galling) さえある。

galling とは「いら立たせる」という意味です。この言葉は、ドラッカーの鋭い人間洞察が現れた表現です。人は誰しも自分の中にある想定や戦略が正しかったらよいな、と願っています。責任のある立場になればなるほど、自分の立てたプランの的確さを誇示したい欲求にかられるはずです。だからこそ、市場から、あるいは顧客から想定と全く違う結果が示されたときに、（たとえそれが前向きな結果であっても）素直に受け入れられないものです。ドラッカーは、予期していなかった結果であっても、それを腹立たしいものとして覆い隠したり、曖昧なままにしたりすることなく、「その結果が自分に教えるものは何か」を考えることの大切さを伝えています。

● **Far more often, the unexpected success is simply not seen at all. Nobody pays any attention to it. Hence, nobody exploits it, with the inevitable result that the competitor runs with it and reaps the rewards.** (P41)
予期していなかった成功が気づかれることはほとんどない。誰も注意を向けないのだ。だから、その変化を活用する (exploit) こともできず、結果、ライバル (competitor) がそれに取り組み、その報い (reward) を得てしまうことがほとんどである。

- **One reason for this blindness to the unexpected success is that our existing reporting systems do not as a rule report it, let alone clamor for management's attention.** (P41)

なぜ、予期していなかった成功は見えにくいのか。それは、従来の会社の報告業務では普通は報告しないものだからだ。まして (let alone)、それがマネジメント上の注意を引くよう訴えかける (clamor for) ことは通常の報告業務においては（ありえ）ない。

これらの言葉から、ドラッカーは、「予期していなかった成功は、明確な意図を持って意識を向けないと、なかなか組織の中で気づくことができない。結果、ライバルが外からそれに気づき、重要なビジネスチャンスを持ってい

仕事における「予想外」「意外」こそイノベーションの宝庫！

> イノベーション技法といえば、事業領域の刷新や、大胆な技術開発といったことを思い浮かべる人が多いかもしれません。しかし、ドラッカーは最初に the unexpected というシンプルな考え方を持ってきました。なぜ、あえてそうしたのでしょうか。それは、多くのビジネスパーソンが、「これは意外だ。なぜこのような結果になったのだろう」「自分たちの思惑と違う反応だ。なぜこれが起きたのだろう。背景に何があるのだろう」といった、純粋な「知的好奇心」を失いがちだからだと思います。
>
> 誰しも、子供の頃、あるいは学生時代には、「意外な結果が出たら、とことんその理由を突き詰めたい」と、探究心に火がついた経験があるでしょう。大小さまざまな「イノベーション」や「気づき」は、そのような姿勢から生まれてきたはずです。
>
> 忙しい現代企業の職場で失われがちな、この「意外だった結果に対する知的探究心」こそ、誰にでもできる最もシンプルなイノベーション手法です。
>
> 「予期しなかったこと」に対して、チームの仲間と、「どうしてこうなっているのかな。この背景に、どんな根本的な変化が生まれているんだろう」「自分たちにまだ見えていない変化は何だろう」と意見を出し合ってみてください。少なくとも、自分が知り得なかったさまざまな変化の可能性やヒントが見えるはずです。そして、このような考え方が自然に仕事の中でできるようになると、イノベーションが起こりやすい組織になっていきます。

ってしまうこともある」と忠告しています。

- **To exploit the opportunity for innovation offered by unexpected success requires analysis.** (P41)
予期していなかった成功からイノベーションの機会を発掘するには、分析 (analysis) が必要だ。

ここでドラッカーが言う「分析 (analysis)」とは、一般のイメージのように机上でデータを分析することではなく、対象について深く考え、自分たちにまだ見えていない変化やその原因と結果を探求していく行為を指します。

- **Unexpected success is symptom.** (P41)
予期していなかった成功とは、兆候 (symptom) である。

ドラッカーは、予期していなかった成功そのものよりも、それがどのような

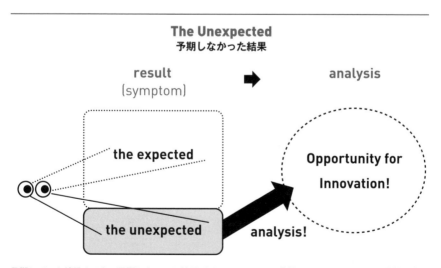

予期していた結果よりも、予期しなかった結果がイノベーションの兆候 (symptom) である可能性が高いです。予期しなかった結果を分析することで、イノベーションの機会 (opportunity) を発見しやすくなります。

大きな変化の「兆候(symptom)」なのかが大事だと言っています。一体、何の兆候なのか。それを洞察し、分析する必要があるというのがこの言葉のポイントです。

- **Thus the unexpected success is not just an opportunity for innovation; it demands innovation. It forces us to ask, What basic changes are now appropriate for this organization in the way it defines its business?** (P42)

予期していなかった成功は、単にイノベーションの機会というだけでなく、イノベーションそのものを要求している。「自社の事業は何になるのか」を定義する上で、「どのような変化が自社に適しているか」を問いかけている。

「予期していなかった成功(the unexpected)」に遭遇した際に、そこからすぐにイノベーションの機会（チャンス）を探るだけでなく、「自分たちにはどのような変化(change)が必要なのか」を問うことが大切だとドラッカーは言っています。例えば、使用する技術(technology)、あるいは狙う市場(market)に関して、「我々はどう変化していくべきだろうか」と真摯に自問して、イノベーションの準備をしなければならないということです。

- **Managements must look at every unexpected success with the questions:** (P45)

予期していなかった成功が見つかったら、マネジメントはこう問いかけてみよう。

1. **What would it mean to us if we exploited it?**
   これを活用できたとすれば、我々にどのような意味があるだろうか。
2. **Where could it lead us?**
   何をもたらしてくれるのか。
3. **What would we have to do to convert it into an opportunity?**
   それをチャンスに変える(convert)には、どうするべきか。

4. How do we go about it?
どのような行動を起こすべきだろうか。

これらは、いずれも重要な問いです。「予期していなかった成功」というイノベーションのチャンスに遭遇したときに、これらの問いを冷静に、じっくり考えて進もう、というドラッカーの助言です。このように、「答え」の前に「必要な問い（質問）」を体系的に示してくれるのがドラッカーの特徴です。

Column

イノベーションの種は常に「社外」にある

現代企業は、特に大企業になればなるほど、立派な大型ビルに居を構えています。高層階にあるフロアの窓からは東京の都心が一望でき、そこで多くの優秀な社員が日々PCに向かって分析作業を行い、調査レポートをまとめています。あたかも「巨大で精巧な業務オペレーションの仕組み」が正確に、滞りなく動いているかのようです。

こうした大企業で働く人の中には、「外でお客さんと話す時間よりも、社内で資料を作成する時間の方が圧倒的に長くなった」と言う人も多いです。しかし、果たしてこれは正常なことでしょうか。市場や需要が右肩上がりで順調に成長していた時代には、それでも良かったかもしれません。しかし、ドラッカーが言うように、私たちは今「変化が常態の時代」に生きています。目の前の業務を懸命にこなしていたら、お客さんや市場から発せられるイノベーションのヒントをすべて見逃していた、ということになりかねません。

私たちは「社外」で起きていることを、もっと五感を活用して観察すべきでしょう。特に、予期していなかった結果が起きたときはなおさらです。「この予想外の失敗（成功）はなぜ起きたのだろう」という質問を携え、外の環境をじっくり観察し、多くの人の声を聴くと、意外なヒントがたくさん見つかるはずです。

「実は、これこそ、僕らが今一番欲しいものなのです。なぜなら…」
「海外の会社がこういうサービスを出してきたから、より斬新な特徴がないと、我が社にとって、もはや価値はないです」

など、自分たちが「社内」では気づいていなかった変化を示す情報が多く得られるはずです。イノベーションの種は、社内ではなく、常に「社外」にあるのです。

THE UNEXPECTED FAILURE

- **..., that failure often bespeaks underlying change and, with it, opportunity.** (P46)

その失敗は、根底で起きている (underlying) 何らかの変化と、機会を示している (bespeak) 場合が多い。

予期していなかった成功の話から、予期していなかった「失敗」の話へ、テーマが変わります。失敗には当然、不注意や能力不足が原因である場合も多いです。しかし、綿密に準備し、慎重に実行したのに結果が失敗に終わったとしたら、その根底にあるかもしれない重要な「変化」を探ってみよう、とドラッカーは言っています。

- **irrational customer** (P47)

非合理的な消費者

自分たちが思うような成果を得られなかった場合に、事業者側が顧客を「非

Column

成功するアントレプレナーはたくさん「失敗」し、「失敗」から学ぶ

　ドラッカー・スクールの私の先輩で、米国の著名ビジネススクールで entrepreneurship（起業家精神）を教えている方がいます。先日、彼と話していて、何度も出てきた言葉が failure でした。多くの失敗をし、そこから学んでいる起業家が、結果として成功する確率が高い、というのです。
　もちろん、やみくもに行動して失敗するというのは論外です。しかし、ドラッカーも言うように、しっかりと考えて実行した上で、結果が失敗になったとすれば、それはイノベーションの大チャンスと捉えるべきです。その失敗の背景には、何らかの symptom（自分が気づいていない、重要な変化の兆候）があるはずです。起業家が成功するイノベーションのヒントが多く隠されていることでしょう。勇敢に失敗できる人だけが、そのヒントを手にできるのです。

合理だ」と非難する姿勢を批判的に表現しています。この irrational customer という言葉は、「顧客はわかっていない（愚かだ）」と考えてしまう、多くの組織が陥りがちな欠陥を表してもいます。まさに、イノベーションを起こせる組織とは真逆の考え方です。この言葉の前後に書かれている homebuilder（住宅業者）の例も非常にわかりやすいので、ぜひ読んでみましょう。

- **The unexpected failure demands that you go out, look around, and listen.** (P49)

予期していなかった失敗は、あなたがもっと外に出て (go out)、周りの状況を観察 (look around) し、人々の声に耳を傾ける (listen) ことを求めている。

引用されることの多い、ドラッカーの有名な言葉です。綿密に事前調査をしたのに、あるいは慎重に進めたのに、予想に反して成功しなかった場合、私たちは「分析が足りない」「より細かいデータ分析をしろ」となってしまい

異業種・異分野にイノベーションのヒントあり

ジレットのかみそりのビジネスモデルは有名です。消費者は、本体は繰り返し使い、刃の部分だけ定期的に取り替えます。かみそり全体ではなく、刃の部分で稼ぐモデルです。これは、有名なビジネスモデルで、コピー機（インクや紙で稼ぐモデル）など、多様な領域で参考にされたと言われています。

この他にも、通信業界のイノベーション成功事例が自動車業界にインパクトを与えたり、福祉業界のイノベーション事例が建築業界に影響を与えたり、エンターテインメント業界の事例が出版業界に影響を与えたりと、イノベーションのヒントは同業種や自社の周辺からではなく、外から得られる場合がますます多くなっています。

ドラッカーが言うように、日々の仕事では直接接していない情報や動向にも目を向けるようにしましょう。そして、その背景で「どのような変化が起きているか。その変化をヒントとして自社で活用できる点はあるか」を考えていきましょう。意外な点からヒントが見つかり、結果として強力なイノベーションのアイディアにつながることがあります。

がちです。しかし、ドラッカーはそのように細かい分析を深掘りする前に、もっと会社（オフィス）の外、現場に足を運び、自分の目でじっくり状況を観察し、その場にいる人々の声をしっかり聴こう、と言っています。

- **Failure should always be considered a symptom of an innovative opportunity, and taken seriously as such.** (P49)

失敗は常に、イノベーションの機会につながる兆候であり、本気で取り組むべき課題と考えるべきだ。

予期していなかった失敗には、自分たちが市場や顧客についてまだ知り得ていないことや、「変化」の種がたくさん眠っているので、失敗に真剣に向き合うことがイノベーションにつながると言っています。

- **Innovation—and this is a main thesis of this book—is organized, systematic, rational work. But it is perceptual fully as much as conceptual.** (P50)

本書の主題であるイノベーションとは、体系的で合理的な (rational) 仕事だ。一方で、それは概念的 (conceptual) であると同時に、感覚的 (perceptual) なものでもある。

これも、とても重要な考え方です。ドラッカーは原著の中で、イノベーションをギャンブルや天才のひらめきではなく、「誰でも順序だてて実践できる方法論」と再定義しています。イノベーションは「概念」としてもしっかりと整理ができるものです。しかし一方で、「知覚」「感覚」的な (perceptual) ものでもある、と言っています。概念をつかむだけでなく、実際に外に出かけて、自ら目で見て、人の声を聴くことで得られる感覚も同じように重要だと強調しているのです。

- **intuition** (P50)

「直観」という意味です。イノベーションを起こすためには、「論理・構造的に」考えることに加えて、前述のように「感覚」もとても大切です。両方を大事にしているドラッカーなので、「直観 (intuition)」自体を否定しているわけではないのですが、直観だけで終わらせてはいけないよ、とも語っています。

- **I don't know enough to analyze, but I shall find out. I'll go out, look around, ask questions, and *listen*.** (P50)

まだ十分な分析をできるほどは把握できていない。けれど、必ず見つけ出す。外に出て、見て、質問を投げかけ、そして耳を傾ける。

この言葉も、ドラッカーのイノベーションに関する強い信念が現れた、有名な言葉です。予期していなかった結果に向き合う。その背景でどのような「兆候」「変化」が起きているかを考える。もちろん、すぐに全貌を理解することはできない。しかし、自分の五感と思考の両方を働かせて、きっと答えを探し出す――。イノベーションを起こすために、そのような姿勢を持とう、というメッセージです。

THE UNEXPECTED OUTSIDE EVENT

- **But outside events, that is, events that are not recorded in the information and the figures by which a management steers its institution, are just as important.** (P52)

外部の出来事 (outside event)、中でもマネジメントが組織の舵取りをする (steer) 上で重視している情報や数字に現れてこない出来事が、同様に重要になる。

予期していなかった成功、失敗に続く3つ目、outside event (外部の出来事) の活かし方が記されています。通常、経営やマネジメントをする上で重視し

ていなかった、異分野（異業種）での意外な成功事例や、他社の業績の伸びなどから、「この結果から、我が社やこの業界にも関係してくるイノベーションの機会は何かあるだろうか」と自問することが大切だということです。特に、この outside event をイノベーションのヒントにする方法は、比較的規模の大きい組織が、素早くイノベーションを起こしていく上で重要な武器になるとドラッカーは語っています。

Column the unexpected は変化に気づくためのキーワード

the unexpected という言葉、仕事場でも気軽に使いやすいキーワードです。「予期していなかったこと、結果」という日本語よりも、the unexpected という英語表現の方がシンプルでわかりやすいですよね。例えば、営業会議やイベント報告会議で、"OK, let's share the unexpected today." （今日は the unexpected をシェアしようか）といった気軽な感覚で使える言葉かもしれません。

the unexpected という言葉を広く普及させていくことの意義は、マネジメント上、大きいです。この言葉を強調することで、「私たちが認識できていない、理解できていない、社会や顧客に起きている重要な変化に気づく努力をしよう」というメッセージが伝わるからです。

会社にとって最も恐ろしいのは、「内向き」です。自分たちの決めたこと、やっていることが普通であり、それは正しいものだという過信が、顧客のリアルな要求との間に距離を作り、失敗や不振、不満につながっていきます。

一番身近にある機会に気づくために、この the unexpected を日常のビジネスシーンでどんどん活用していきましょう。

ドラッカー基礎知識①

ドラッカーの思想に影響を与えた経済学の大家シュンペーター

　ドラッカーが原著を書く上で、大きな影響を受けた人物を紹介しましょう。ドラッカーと同じオーストリア出身の経済学者、ヨーゼフ・シュンペーター（1883〜1950）です。「現状の均衡を創造的に破壊し、新しい経済発展を導く」、すなわち「創造的破壊」という言葉を世に出した人です。ドラッカーは、父の友人であったこのシュンペーターと幼少期から家族ぐるみで付き合いがあり、大きな影響を受けています。シュンペーターの名前が原著の中に再三登場するのはそのためです。

　シュンペーターは、国家の経済が発展するために何よりも重要なのは「起業家（企業家）によるイノベーションが活発に行われること」だと説きました。政府による金融政策や財政出動などの施策によって、即時的な効果は期待できます。しかし、真に持続的な経済繁栄をもたらすのは、起業家（企業家）が事業の現場で起こす大小さまざまな「イノベーション」であると断言したのです。

　このシュンペーターのメッセージは、100年以上経った今も色あせるどころか、より実感を伴って私たちに語りかけてきます。先進国であれ、途上国であれ、金融・財政政策だけで経済が持続的に発展することは難しいでしょう。営利企業、非営利企業、学校、医療機関などの多様な事業の現場で奮闘する人々が、アントレプレナーシップを持って「イノベーション」を行うこと以外に、経済の発展はありえません。今日の日本の経済環境を冷静に振り返れば、まさにこのシュンペーターの言葉が現実味を帯びていると実感できるのではないでしょうか。

4 2つ目の種
——不一致、ギャップ

原著のここを読む！

I THE PRACTICE OF INNOVATION
  4. Source: Incongruities (P57-68)

📚 サマリーと読みどころ

　「イノベーションの機会につながる7つの変化の種（seven sources for innovative opportunity）」の2つ目です。ここで登場する incongruity という単語は、やや聞きなれなく、また発音もしにくいかもしれません（発音記号は [inkəngrúːəti]）。意味は「不一致、不調和」です。「ズレ、溝、ギャップ」とも言えます。全体の中で調和がとれていない要素、方向性がズレていること、また一連のプロセスの中で「あるべきなのに、提供されていない」といった欠落した個所、すなわち「ギャップ」や「ズレ」に目を向けて、それを適した形に変えることでイノベーションを起こそう、という考え方です。

　なぜ、この「ギャップ」や「ズレ」がイノベーションの機会につながるのでしょうか。理由は単純です。ズレているものを修正したり、不足しているものを補ったり、全体と調和させたりすることで、価値や満足度が高まることが多いからです。それは、ドラッカーが言うように、新しい技術発明や知識開発よりも、はるかに容易に実現できるイノベーションです。

　第4章で、ドラッカーは、incongruity について以下の4つの着目点をあげ、それぞれ具体的な事例を使って解説しています（P57-58）。

① An incongruity between the economic realities of an industry
業界内で実際に起きている事象や数値が示すズレやギャップ

② An incongruity between the reality of an industry and the assumptions about it
業界内で実際に起きていることと、その事実認識に関するズレ

③ An incongruity between the efforts of an industry and the values and expectations of its customers
企業側の努力と、顧客が感じる価値や期待との間に生まれるズレ

④ An internal incongruity within the rhythm or the logic of a process
サービスや業務の流れの中で発生しているズレや溝

　ドラッカーは左脳（理論）と右脳（感覚）の双方をフル活用します。この incongruity を観察するというのも、まさにその現れです。ビジネスにおける「ギャップ」や「ズレ」はほとんどの場合、目に見えません。だからこそ、ドラッカーは、起きている現実をあるがままに観察し、顧客の声に素直に耳をすまし、ときに従来の考え方と違う視点から発想し、また可能な限り分析的に考えることの大切さを強調します。そうすることで、ビジネスの随所に隠れている「ズレ」「ギャップ」が見えてくるからです。

　この章にも鉄鋼業界や医療業界、また日用器具業界など多くの事例が登場します。ドラッカーはさまざまな業界で起きている現実を深く観察し、その中にイノベーションの原則を見いだそうとしていました。原著の事例に登場する用語は若干難解に見えるかもしれませんが、その事例自体がどのような重要な原則を伝えようとしているかが大切です。細部の専門用語にとらわれることなく、読み進めていきましょう。

🔍 読み解きたいポイント

- 業界内で起きている現実 (economic realities) が示しているギャップやズレに気づくために、どのような数値情報に注目することが重要だとドラッカーは述べていますか。
- 起きている現実 (reality) と、その認識 (assumption) のズレとは、例えばどのようなことでしょうか。
- 業界や企業が想定している価値と、実際に顧客が求め、期待しているそれとのズレは、どのような形で表出するでしょうか。
- 一連の業務プロセスやサービスプロセスの上で発生するズレや溝とは、どのようなものでしょうか。
- イノベーションにつながるギャップやズレを発見するためには、企業の人材側がどのような「意識」「姿勢」で臨むことが大切でしょうか。

Incongruities
不調和、ギャップ

incongruity/gap between;
- economic realities
- realities and assumptions
- efforts of industry and values for customers

incongruity/gap on;
process

⬇

Opportunity for Innovation!

4種類の「不調和（不一致）」や「ギャップ」を観察することで、イノベーションにつながる機会やそのヒントが見えてきます。

読み解くべきキーワードとキーセンテンス

● **incongruity** (P57)

58ページで説明したように、「不調和、不一致」が本来の意味です。「ギャップ、ズレ、溝」といったニュアンスも、ここでは含まれます。何かが噛み合っていない、フィットしていない「違和感」と言ってもよいかもしれません。ドラッカーは、経済的な業績数字や、人々の期待、認識などさまざまな観点から「不一致」や「不調和」を見つけ、それをイノベーションに活かす方法を述べています。「本来噛み合っているべきところがそうなっていない。そこを埋めることがイノベーションになる」というメッセージを、ドラッカーはこのincongruityというやや聞きなれない単語を使って、伝えようとしています。

● **An incongruity is a discrepancy, a dissonance, between what is and what "ought" to be, or between what is and what everybody assumes it to be.** (P57)

不調和やギャップとは、いわば「食い違い(discrepancy)」「不一致(dissonance)」である。それは、実際に起きていることと「本来起きるべきこと」との間の、あるいは、起きていることと「誰もが起きると思っていること」との間のズレである。

第4章は、この一文で始まります。ここでドラッカーは、incongruityという単語を、複数の同義語や言い換えを使って説明しています。ここで伝えたいことはただ一つ。「実際起きている現実と、起きるはずの(と思われている)こととの間にはズレがあるかもしれない」ということです。

- **Such a fault is an invitation to innovate. It creates an instability in which quite minor efforts can move large masses and bring about a restructuring of the economic or social configuration.** (P57)

そのような欠陥 (fault) は、イノベーションへの招待 (invitation) である。欠陥が、不安定な状況 (instability) を作り出している。そこでは、ごくささやかな努力でも大きく物事を動かし (move large masses)、経済と社会の構成 (configuration) を根本から変える可能性を秘めている。

ドラッカーは、「こうであったらいいのに」「こうあるのが通常であるはずなのに（そうなっていない）」という違和感のある状態には、必ず何かしら「失敗」「うまくいっていない何か」が存在すると断言します。しかしそれは悲観すべきことではなく、その失敗やズレを活かしてイノベーションを起こすことができるチャンスでもあります。

- **..., incongruity is a symptom of change, either change that has already occurred or change that can be made to happen.** (P57)

不一致やズレとは、既に起こっているか、これから起きるかにかかわらず、変化の兆候 (symptom of change) である。

前章の The Unexpected にも登場した symptom（兆候）という単語が、ここでも使われています。ドラッカーがこの symptom という語を多用するのは、まだ答えが見えなくても、その「芽」「ヒント」になるものを見つけ出し、観察することの重要性を伝えたいためです。

INCONGRUOUS ECONOMIC REALITIES

- **economic realities** (P58)

直訳すれば「経済的な現実」ですが、ここでは、「目に見える業績結果や数値結果」という意味です。incongruous economic realities とは、「経済や

企業で起きている現実の中で、つじつまが合っていないこと」と捉えればわかりやすいでしょう。

Column 「需要はあるのに、利益が出ない」は本当なのか

　私たちがビジネスを行う領域には、もちろん「需要」が存在します。中でも、需要が今後も伸びていくところに力を入れるのが通常です。ただ、需要が伸びているから利益や業績が上がるかと言えば、そうではありません。

　「競争が激しくなったから」「今は先行投資期間だから」というもっともらしい理由で、私たちは思考停止してしまいがちです。結果、競争からいつまでたっても抜けられなかったり、永遠に投資を回収できなかったり、ということが多いはずです。

　そんなときは、この章で書かれているドラッカーのメッセージを思い出しましょう。「需要が伸びているのに、利益が出ていない現実の中に、イノベーションのチャンスになるようなズレやギャップはないだろうか」

　昨今で言えば、例えば介護・福祉業界や、教育産業がそのような業界に当たるかもしれません。他にも、「需要はあるのに、利益は出にくい」と言われている業界はたくさんあるでしょう。

　ドラッカーが鉄鋼業界、製紙業界、医療保険業界の事例で示しているように、
・「業界内で当たり前」と思われている要素を一つひとつ注意深く見て
・全体を眺めて
・「本当にこのやり方が最良か」と問う
というシンプルな方法で、イノベーションのアイディアが生まれることがあります。

　アパレル業界に新しい利益創出の仕組みをもたらしたユニクロや、他行からのATM引き出し代行手数料で稼ぐ新しい銀行ビジネスの形を示したセブン銀行などがその一例でしょう。

　ぜひ、皆さんの実務でも、ここに描かれているドラッカーの考え方、ものの見方を「まねて、試して」みてください。意外なイノベーションの種が見つかるはずです。

- **A lack of profitability and results in such an industry bespeaks an incongruity between economic realities.** (P58)
  このような業界で業績や利益率 (profitability) が芳しくないのは、経済活動で何かしらつじつまが合っていないことを示している (bespeak)。

- **And usually the innovator who exploits this incongruity can count on being left alone for a long time before the existing businesses or suppliers wake up to the fact that they have new and dangerous competition.** (P58)
  通常、この不調和をチャンスに変えるイノベーターたちは、他の事業者たちが目を覚まし、新たな脅威となる競争に気づくまで、長きにわたり誰にも邪魔されずにイノベーションに没頭できる。

- **For they are so busy trying to bridge the gap between rising demand and lagging results that they barely even notice somebody is doing something different …** (P58)
  というのは、彼らは、伸びていく需要と伴わない (lagging) 業績の間のギャップを何とか埋める (bridge) ことに精一杯で、他の誰かが新しいことに着手している現実に気づきもしないからだ。

前の文に続く言葉です。起きている「ズレ」や「ギャップ」に気づき、それをイノベーションに活かせる会社と、それに気づかず何とかつじつまを合わせようとして、日々忙殺される事業者との違いが、わかりやすく描写されています。

- **The people who work within these industries or public services know that there are basic flaws. But they are almost forced to ignore them and to concentrate instead on patching here, improving there, fighting this fire or caulking that crack.** (P62)

民間でもあっても公共サービス機関であっても、これらの業界で働く人たちは、何らかの基本的な「欠陥(flaw)」「問題」があることは知っている。だが、ほとんどの場合、彼らはその問題から目を背け、問題の緊急的な火消しや穴埋め(caulk a crack)など、部分的な改善に忙殺されることがほとんどだ。

ここまで、鉄鋼業界、製紙業界、英米の医療保険業界など、さまざまな事例を述べた上での総括です。多くの事業者が何らかの問題が起きていることはわかっていても、「目先の対応」に追われ、その問題を生み出しているギャップやズレには気づきません。ドラッカーが原著で一貫して伝えているのは、イノベーションとは一部の天才のひらめきではないということです。実は誰の目の前にもその種はあり、それに気づこうとするかどうか、なのです。

THE INCONGRUITY BETWEEN REALITY AND THE ASSUMPTIONS ABOUT IT

- **The incongruity between reality and the assumptions about it** (P62)
  見出しです。「現実と、その事実認識に関するズレ」と考えればよいでしょう。

- **Whenever the people in an industry or a service misconceive reality, whenever they therefore make erroneous assumptions about it, their efforts will be misdirected. They will concentrate on the area where results do not exist.** (P62)
  業界内の現実を誤って認識し(misconceive)、その結果誤った仮説(assumption)を立ててしまうと、努力は間違った方向に進んでしまう。成果があがらないことにばかり懸命に努力するようになる。

この冒頭の言葉に、ドラッカーが言いたいことが要約されています。前セクションは、「現実に起きている事象間での不一致、ズレ」についてでしたが、このセクションは、「現実」と「人々の認知・認識」の間のズレについて詳

しく書かれています。

- **Then there is an incongruity between reality and behavior, an incongruity that once again offers opportunity for successful innovation to whoever can perceive and exploit it.** (P62)

そのような場合には、現実と我々の行動の間に「溝」が生じているが、それに気づき(perceive)、活かすことができる人にとっては、その溝はまた、イノベーションのチャンスにもなる。

Column ビジネスのボトルネックは本当に「そこ」なのか

　原著でドラッカーが書いているコンテナ船の例も、シンプルながら示唆に富んでいます。
　海運業全体の生産性を上げるために、業界では海洋上の時間短縮や、船そのもののコストダウンばかりが注目されていました。すなわち、「港と港の間」のコストをいかに下げるかが追求されていたわけです。けれども、本当に生産性を上げる必要があったのは、「港」での積荷作業であり、コンテナ船の開発がその課題をイノベーティブに解決したという見方です。
　私たちのビジネスにおいても、「ここの作業コストを下げないと」とか「この業務のスピードをもっと上げないと」と考えていることに対して、
　「本当にそこが問題なのか」
　「事実認識の誤りやギャップはないか」
をもっと問う必要があるのではないでしょうか。
　例えば、建築業界やシステム開発業界でも、本当に時間がかかり非効率なボトルネックになっているのは、意外と受注前の事務手続きの段階であったり、優秀な人材の調達だったり、ということもあるでしょう。
　大切なのは、視野を普段よりも広く持って、業界のプロセス全体を見渡し、「本当のボトルネックとなっている問題はどこなのか」を問い直すことです。そうすれば、他社が気づかない、けれどもすぐに実行できるイノベーション策を思いつく可能性が高くなるでしょう。

- **The solution, however, should again be small and simple, focused and highly specific.** (P64)

しかし、解決方法は、常に小規模でシンプル、かつ絞り込まれ、十分に練りこまれた (focused and highly specific) ものでなければならない。

ドラッカーのイノベーション論では、「アクションはまずは小さく、シンプルに、フォーカスを利かせて（目的や目標を絞って）」が鉄則です。上記の言葉は、それを示しています。

THE INCONGRUITY BETWEEN PERCEIVED AND ACTUAL CUSTOMER VALUES AND EXPECTATIONS

- **Behind the incongruity between actual and perceived reality, there always lies an element of intellectual arrogance, of intellectual rigor and dogmatism.** (P66)

現実に起きていることと、「起きているであろう」と認識していることのギャップの背景には常に、「知的傲慢 (intellectual arrogance)」と「融通の利かない独断主義 (dogmatism)」が存在する。

3つ目のセクションは、これまでと違い、「事実」ではなく「感覚」「価値観（価値の感じ方）」の違いを対象にしています。日本のテレビや、ロシアの自動車、またアメリカの金融機関の例を述べた上で、ドラッカーは上記のように結論づけています。つまり、顧客と企業の間の感覚や価値観のズレに気づかないのは、企業側がすべてを知っているはずだという、ある種の「傲慢」「独断」が原因なのだと手厳しく論じています。

- **Producers and suppliers almost always misconceive what it is the customer actually buys.** (P66)

  モノやサービスの生産者・提供者は、顧客が本当のところ何を購入しているのか、誤って認識していることがほとんどだ。

- **And yet, no customer ever perceives himself as buying what the producer or supplier delivers. Their expectations and values are always different.** (P66)

  企業側が届けているつもりのものを、顧客側が買っていると認識していることはほぼない。顧客側の期待や価値はいつも異なっている。

自分たちが売っているものを顧客が買っているとは限らない

ドラッカーは、会社の課題をダイレクトに突いてきます。

企業活動にとって警戒すべきは、利益率が低下することでも、資金がショートすることでもありません。「自分たちが売っているものと、顧客側が買っているもの」との間にあるズレにこそ、警戒が必要です。

このズレを放置してしまうと、顧客が離れて売上に大きな影響が出るだけでなく、さまざまな無駄な投資をしてしまいます（例えば、顧客が価値を感じないことへの設備投資や広告投資など）。

私は、IT業界でビジネスをしていた経験があります。IT業界を取り巻く変化のスピードは特に速い。その中で、「この機能が求められているから、この開発に10か月、予算5,000万円」などという意思決定を頻繁に求められます。だからこそ、安易に決めずに、「本当にお客さんが買いたいものは何だろう」と嫌になるほど自問することが不可欠です。

他の業界でも同様のはずです。システム開発投資だけでなく、製品開発やPR、店舗開発、人材採用などに、事業家は日々、意思決定を求められます。だからといって、流されるように投資を決めても、効果は望めません。

アナログではありますが、「本当のところ、我々から一体何を買いたいのですか」というシンプルな問いを、顧客に投げかけ続けることも有効な方法です。ドラッカーが再三書いているように、「顧客よりも自分たちの方が、必要なものを知っている」という傲慢な考え方をぬぐい去ることから、イノベーションは始まるのです。

一つ前の文と合わせて、有名なドラッカーの言葉です。サービスや製品の製造・提供者サイドと、購入する顧客サイドとの間の致命的な「ギャップ」「認識のズレ」に対して常に注意を向けよう、ということです。

INCONGRUITY WITHIN THE RHYTHM OR LOGIC OF A PROCESS

● **rhythm or logic of a process** (P66)
見出しの一部で、「一連のプロセスの中でのリズムや道理」の意味です。この最後のセクションは、これまでの３つと趣旨が少し違います。「プロセス」そのものの中で、「つながりや流れが悪いところ」「溝」「ギャップ」を発見し、それを適正な形にすることでイノベーションを起こそう、という考え方が述べられています。
「リズム (rhythm)」と「ロジック (logic)」という言葉が使われているのが、左脳だけでなく右脳でもものを考えるドラッカーらしいところです。本来あってほしいサービスの流れが途中で切れていたり、途中から異質なものになってしまったりして、不満に感じることは、私たちにもよくあります。それは合理的に説明することもできますが、ときには、質や感情にかかわる情緒的な「違和感」である場合もあります。ドラッカーが言うように、「リズムが狂っている」ということかもしれません。incongruity within the rhythm or logic of a process は、プロセスの中で生じるズレや違和感を総合的に表現しています。

● **William Connor is said to have started out by asking surgeons where they felt uncomfortable about their work.** (P68)
ウィリアム・コナーは、外科医が日々の仕事の中でどのようなことにやりにくさを感じているかを聞き出すことからスタートした。

眼科手術のプロセスに存在した「ズレ」や「ギャップ」を活かしてイノベー

ションを起こした製薬業界の営業パーソン、ウィリアム・コナーの事例を引いて、「プロセスの中で、違和感や不快感がある点」を直接顧客に尋ねてみることの重要性を述べています。プロセスのギャップを発見するには、実際にそのプロセスを日々経験している人たち、主に顧客に直接聞いてみるのが近道だということです。

- The incongruity within a process, its rhythm or its logic, is not a very subtle matter. Users are always aware of it. (P68)

プロセス、リズム、ロジックにおける不一致やズレは、決して捉えにくい(subtle)ものではない。顧客は、常にそれに気づいている。

「プロセスにギャップはないか」と日々問いかけよう

　「プロセス」の中にあるズレは比較的発見しやすいかもしれません。認識や価値観といった主観的なものはひとまず置いて、具体的な「プロセス」だけに集中して考えられるからです。
　「このお客さんへのサービスの流れは、相手にとって本当にスムーズでストレスのないものか」
　「どこかでストレスを感じたり、質が下がったりしてしまう個所はないか」
　「ギャップをつなぎ合わせるために、どんなシンプルな打ち手があるだろう」
と自ら問いかけてみましょう。
　私自身、この方法を活用することで、ある情報システムの新しいニーズを発見し、事業化できた経験があります。ドラッカーが言うように、自分たちが売っている「部分」だけでなく、顧客が経験するプロセス「全体」を見る（想像する）ことが大切です。全体を眺めると、「ここは、どの事業者も提供していないけれど、顧客が欲しがっているプロセスだ」と発見できることが多いです。
　そして、プロセスの間で生じる「ギャップ、溝」を埋める方法を考えれば、斬新な事業アイディアがいろいろと生まれるはずです。
　考えることにお金はかかりません。しかし、そこから生まれるイノベーションのリターン（成果）はとてつもなく大きいです。すぐにでも始めてみましょう。

- **What was lacking, however, was someone willing to listen, somebody who took seriously what everybody proclaims: That the purpose of a product or a service is to satisfy the customer.** (P68)

「製品やサービスの目的は顧客を満足させること」。この誰もが知っている (proclaim) ことに真摯に耳を傾けられる人、またその課題に真剣に取り組もうとする人が足りなかっただけだった。

- **The incongruity is usually available only to people within a given industry or service.** (P68)

不調和やズレは、ほとんどの場合、業界やサービスの内部にいる人だからこそ発見できる。

この章で述べられている incongruity という、イノベーションの機会につながる2つ目の変化の種は、その業界を熟知し、日々観察できる立場にいる内部の人間だからこそ発見しやすいものです。外部から少し観察しただけでは、業界内で起きている経済的な不合理や、企業と顧客の認識のズレ、プロセスにおける溝などは見えてきません。

もちろん、自分たちがやってきたことが正解であるという傲慢な態度や、深く考えることをしない知的怠慢があっては発見できない種でもありますが、その種を発見できるのは業界の中で日々懸命に仕事をしている人たちだと、ドラッカーは言っています。

5 3つ目の種 ——プロセスニーズ

原著のここを読む！

I THE PRACTICE OF INNOVATION

5. Source: Process Need (P69-75)

🔖 サマリーと読みどころ

「イノベーションの機会につながる7つの変化の種（seven sources for innovative opportunity）」の3つ目です。この3つ目の「process need（プロセスニーズ）」は、前章の最後に登場した「incongruity within the rhythm or logic of a process（サービスや業務の流れ（プロセス）の中で発生しているズレや溝）」と関連が深いです。

process needとは、文字どおり、明確な目的がある一連の業務やサービスの「プロセス」の中で生まれるニーズです。「こういうものがあれば（ここが別の方法でできれば）スムーズなのに」と人々が感じていながらも、なかなか解決策が提示されていないとき、そこにプロセスニーズはあります。

このプロセスニーズは、先の2つと違い、身の回りの状況を観察することで発見できるsourceではなく、世の中に既に存在する「仕事」「作業」「行動」といったプロセスの中から見つけ出していくものだとドラッカーは言います。そして、そのニーズは曖昧なものではなく、具体的で、ダイレクトに利便性や効率に影響を与えるものです。

第5章では、プロセスニーズを大きく3つの種類に分けて説明しています。①プロセスそのものが足りていないもの、②労働力、人手、人的資源が足りて

いないもの、③知識や情報が足りていないもの、です。

　ドラッカーは、ここでもさまざまな実例を使って、プロセスニーズとは何か、どうすればイノベーションにつなげられるか、失敗するとしたらどのような要因で失敗するか、を伝えています。後半で紹介される「プロセスニーズが満たすべき5つの前提要件（five basic criteria）」や「留意すべき3つの注意点、制約（three constraints）」を参照すれば、皆さんの仕事においても、すぐにこのプロセスニーズの考え方を活用して、イノベーションの種を探せるようになるでしょう。

💬 読み解きたいポイント

- 7つの種のうち、これまでの2つ（the unexpected と incongruities）と、この3つ目の process need は、発見の仕方において、どのような点が異質だとドラッカーは書いているでしょうか。
- プロセスニーズにはどのような種類があり、それぞれどのような特徴があるでしょうか。
- プロセスニーズをイノベーションにつなげるための5つの「前提」としてあげられていることは何で、その意味するところは何でしょうか。実際に身の回りの事例を思い浮かべながら読み解きましょう。
- 同様に、プロセスニーズをイノベーションにつなげる上で留意すべき3つの「注意点、制約」として、どのようなことが書かれているでしょうか。

🔑 読み解くべきキーワードとキーセンテンス

- **This chapter looks at *need* as a source of innovation, and indeed as a major innovative opportunity.** (P69)

  この章では、「ニーズ」をイノベーションの種として、とりわけ大きなイノベーションの機会として見ていく。

- **It starts out with the job to be done. It is task-focused rather than situation-focused. It perfects a process that already exists, replaces a link that is weak, redesigns an existing old process around newly available knowledge.** (P69)

  プロセスニーズは、なされるべき業務から始まる。状況中心 (situation-focused) ではなく、課題中心 (task-focused) である。既にあるプロセスをより完成度の高いも

住宅建築業界におけるプロセスニーズは「労働力」？

　住宅業界といえば、言うまでもなく「人口動態」に直接影響を受ける産業です。高齢化や少子化、家族構成などの変化が需要に反映されるからです。そのような住宅建築業界において、今、最も深刻な問題となっているのが、「大工さん・職人さん」の高齢化と減少です。

　新築住宅建築は減っても、今後はリフォーム案件が大幅に増えると言われています。新築でもリフォームでも、変わらず必要なのが、腕の良い、経験豊富な大工や職人です。にもかかわらず、「キツい、大変」なイメージがある職人になりたがる若者は減っていく一方です。もちろん、国や地方自治体も援助し、大工を育成する取り組みは積極的に行っています。それでも追いつかない状況です。

　このような中で、プロセスニーズを活用したイノベーションが成功していくのではないかと見ています。それは、大工の労働力をなるべく減らしながら、建築物の安全や質を担保するような、業界の新しい取り組みかもしれません。まだその実像は見えてきませんが、楽しみなテーマの一つです。

のにし、弱い個所を別のものに置き換えて補強し、そして新たに手に入れた知識の周りにある既存の古いプロセスをデザインし直すものである。

ここでドラッカーが強調しているのは、これまで出てきた1つ目の種 the unexpected および2つ目の種 incongruities と、この3つ目の種 process need との性質的な違いです。前者は、「環境を観察することで見えてくる (situation-focused)」ものでしたが、後者は「既に存在している仕事や作業の確立されたプロセスの中に生じる (task-focused)」ものだと言っています。

- **Demographics, however, are very often an equally powerful source of process need and an opportunity for process innovation.** (P70)

しかし、人口動態もまた、プロセスニーズ、プロセスイノベーションの強力な材料になることが多い。

demographics はドラッカーが頻繁に使う言葉です。「人口動態」という意味で、社会における人口の分布や人口構造の変化などを指します。ドラッカーは、事業においてまず注目すべきは、その事業に関連する「人口動態 (demographics)」を分析することだと多くの著作で強調しています。これは原著にも登場するテーマです（詳しくは 90〜98 ページ参照）。

この文における demographics は、「労働人口や労働力、人的リソース」など、人に関連するニーズ全般を意味しています。例えば、ある仕事を完結させ、その質を高めるための「労働力の確保」がボトルネックになっている場合は、労働力のニーズを満たす代替アイディアを出すことができれば、大きなイノベーションにつながる、ということです。

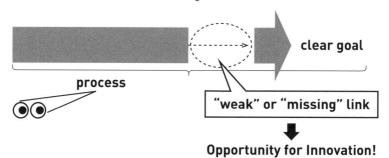

明確な目的・目標の実現に向けて、不足している（あるいは十分整っていない）プロセス、知識、人材を補充することで、予想以上の大きなイノベーションが生まれることがあります。

- **There is a "weak link" and it is definable, indeed, clearly seen and acutely felt.** (P71)

  一連のプロセスでつながりが弱い個所 (weak link) があり、それは定義でき (definable)、明確に観察でき (clearly seen)、実感する (acutely felt) ことができる。

  weak link とは、一連の仕事や作業のプロセスの中で、「つながりや流れが悪い個所」という意味です。前後の流れと比べて、とりわけ手間がかかったり、作業が複雑で非効率になったり、という個所を意味しています。

- **But to satisfy the process need, considerable *new knowledge* has to be produced.** (P71)

  しかし、そのプロセスニーズを満たすためには、重要な新しい知識（ナレッジ）が生み出されなければならない。

  ここから、新しい知識 (new knowledge) をプロセスニーズ解決のために活

用するというテーマに移っていきます。プロセスが非効率である根本原因に、「新しい技術や知識の不足」がある場合、参考にすべき考え方です。長期にわたり問題となっていた写真撮影、写真業界の煩雑なプロセスが、コダックの創業者が見いだした新しい技術と知識の導入により、解決された例が紹介されています。

- **These examples, and especially the Iwasa story, show that successful innovations based on process needs require five basic criteria:** (P73)

これらの事例、特に岩佐多聞の話は、プロセスニーズを活用してイノベーションを成功させるための基本的な 5 つの要件 (criteria) を教えてくれる。

日本の岩佐多聞（たもん）が思いついたシンプルな視線誘導標 (reflector) のアイディアが、高速道路事故を大幅に減少させた例を引き合いに出して、ドラッカーが 5 つの前提要件を示している重要なくだりです。
以下の 5 つの要件を満たす案が出せれば、プロセスニーズを大きなイノベーションのチャンスに活用することができます。

1. A self-contained process
一連の自己完結する、明快なプロセスがそこに存在すること

日々の仕事の中で、既にそのプロセスが行われている、存在している、というのが大前提であるということです。

2. One "weak" or "missing" link
そのプロセスの中に、つながりが弱い、あるいは欠落した個所が一つ存在すること

3. A clear definition of the objective
そのプロセス自体に明確な目的があること

明確な目的とは、「交通事故を減らしたい」「医師の負担、手間を減らしたい」といったことです。

4. That the specifications for the solution can be defined clearly
解決策の仕様、詳細 (specifications) が明快に定義できること

5. Widespread realization that "there ought to be a better way," that is, high receptivity
「より良い方法がきっとあるはずなのに」と多くの人が認識している、つまり、多くの人に受け入れられる可能性 (receptivity) が高いこと

● **There are, however, some important caveats.** [P73]
しかし、いくつか重要な注意点 (caveat) もある。

最後に「注意すべきこと、警告 (caveat)」として、ドラッカーは次の3つの重要なポイントを述べています。

1. The need must be understood. It is not enough for it to be "felt." Otherwise one cannot define the specifications for the solution. [P73]
プロセスニーズは、誰もが明確に理解できるものでなければならない。「(ニーズを) 感じる」だけでは足りない。感じるだけでは、解決策を明快に定義することができないからだ。

2. We may even understand a process and still not have the knowledge to do the job. [P74]
プロセス自体は理解できたとしても、解決策を実現するための知識 (knowledge) はまだないかもしれない。

新しい知識を導入すべきプロセスで、古いものの焼き直しのような方法を繰り返しても成果はあがりにくいです。ドラッカーは、「必要な知識がまだ入手できていないかもしれない」と考えるべきだと述べています。

3. The solution must fit the way people do the work and want to do it. (P74)

解決策は、人々の仕事のやり方や、やりたいと思える方法と合致していなければならない。

たとえ理屈的には正しい解決策であっても、それが業界で働く人たちのやり方や、価値判断基準と合っていなければ実行されないので、その点を注意すべきだと言っています。左脳だけでなく右脳もフル活用して、論理と人間的感覚を等しく重視する、ドラッカーらしい指摘です。

全体を見渡せば「weak link」「missing link」が見えてくる

　この章で、ドラッカーの洞察から学べることはたくさんあります。最も大事なのは、部分ではなく、「一連のプロセス全体」を捉えよう、ということです。

　仕事においても、部分の問題ばかりに目がいき、つい対症療法的な対応を繰り返しがちです。例えば、お客様からのクレーム、システム開発のトラブルなど、一つひとつの問題対応に忙殺されてしまうような状態です。

　ドラッカーの考えにならえば、イノベーターは「部分」よりも、まず「プロセス全体」を明確に捉えようとします。例えば、お客様に提案をしてから、実際に使用してもらうまでのプロセス全体、またはシステム開発の企画から納品までの全体プロセスなどです。

　そのプロセス全体を定義して観察した上で、「どこが弱い（weak）ところか」「どこが欠けている（missing）か」を発見すると、イノベーションにつながるヒントがきっと見えてくるはずです。

　これは、日々のさまざまな仕事にすぐにでも当てはめて、試してみることができますね。ぜひ実践してみましょう。

6 4つ目の種
——業界と市場構造の変化

1	the unexpected
2	the incongruity
3	process need
4	**changes in industry structure and market structure**
5	demographics
6	changes in perception
7	new knowledge

原著のここを読む！

I THE PRACTICE OF INNOVATION
6. Source: Industry and Market Structures (P76-87)

📖 サマリーと読みどころ

　「イノベーションの機会につながる7つの変化の種 (seven sources for innovative opportunity)」の4つ目、「業界と市場構造 (industry and market structures) の変化」についてです。第2章にあったように、7つの種のうち、最初の4つは主に「業界の内部」で起きている変化にかかわることで、あとの3つは業界の外部まで広がる変化です。今回の「業界構造の変化」は全体の4番目。業界内部で起きる市場の構造変化がどのようにイノベーションの種を提供してくれるかを読み解きましょう。

　第6章は、まず「自動車業界で起きた構造変化」について、ドラッカーが具体的な事例を解説することから始まります (I THE AUTOMOBILE STORY)。自動車という20世紀の一大産業が急成長する中で見られたさまざまな構造変化、そして世界の自動車製造各社が仕掛けたイノベーションの打ち手について書かれています。自動車産業の歴史をコンパクトに振り返ることで、産業構造がどのように変わり、イノベーションがどのように起きていたかを振り返る絶好の題材を与えてくれます。

　続いて、II THE OPPORTUNITY という見出しの下では、業界構造の変化を

いかにイノベーションの機会として利用するか、これも複数の実例をもとに書かれています。

最後に III WHEN INDUSTRY STRUCTURE CHANGES として、どのようなときに業界構造が変化しやすいか、大きく4点に分けてドラッカーの洞察が詳しく書かれています。また、長く業界のリーダー企業として君臨してきた企業は、成功に慣れすぎてしまうことで、変化に気づきにくく、それが他社による大きなイノベーションを誘発しやすいとドラッカーは指摘します。

この章で述べられている「業界構造の変化をイノベーションの機会として活かす」考え方を、皆さんが働いている（かかわっている）業界に当てはめながら読んでみてください。

💬 読み解きたいポイント

- ドラッカーは自動車業界で起きた変化の例を最初に書いています。世界の自動車業界では大きく何回くらい、どのような変化が起こり、各社はどのようにその変化に対応し、どのような結果につながったのでしょうか。
- 業界構造の変化は、どのような形でイノベーションの機会 (the opportunity) につながるとドラッカーは述べているでしょうか。
- 業界構造の変化につながる4つの前兆とは、どのようなことでしょうか。
- 皆さんが働く（かかわる）業界において、これらの4つの前兆のうち当てはまるものはありますか。当てはまる場合は、どのような変化が今後業界で生まれ、どのようなイノベーションの可能性があるか、ドラッカーと対話するつもりで考えてみましょう。

読み解くべきキーワードとキーセンテンス

- **industry and market structures** (P76)
  この章のタイトルで、「業界や市場の構造」を意味します。業界内の競争環境、参入企業の顔ぶれ、市場のニーズといった、業界や市場の基本的な仕組み、構造、商習慣などを総称して、このように呼んでいます。

- **Indeed, industry and market structures appear so solid that the people in an industry are likely to consider them foreordained, part of the order of nature, and certain to endure forever.** (P76)
  実際には、業界と市場の構造はかなり固まって見える。中にいる人にとって業界の構造は、あらかじめ決められた (foreordained) もので、自然の摂理 (order of nature) の一部でもあり、永久に持続する (endure) もののように見えてしまう。

- **Actually, market and industry structures are quite brittle.** (P76)
  実際は、市場や業界の構造は、もろく (brittle)、変わりやすいものだ。

  中の人たちにとっては変化しにくく固定しているかのように見える業界構造ですが、実際は頻繁に変化する可能性があるものだ、とドラッカーは最初に強調しています。

- **To continue to do business as before is almost a guarantee of disaster and might well condemn a company to extinction.** (P76)
  旧来型のビジネスを続けていくことは、ほぼ崩壊 (disaster) を保証するもの (guarantee) であり、会社に滅亡 (extinction) を宣告する (condemn) ようなものだ。

  業界内で変化の兆候に気づかずに、あるいは兆候を無視して、これまでのやり方にこだわり続けることのリスクを強い言葉で表現しています。

- **But a change in market or industry structure is also a major opportunity for innovation.** (P76)
しかし、業界や市場構造の変化は、イノベーションの大きな機会でもある。

THE AUTOMOBILE STORY

- **A few years later in Detroit, the young Henry Ford also saw that the market structure was changing and that automobiles in America were no longer a rich man's toy.** (P77)
数年後デトロイトで、ヘンリー・フォードという若者もまた、業界の構造が変わりつつあり、アメリカでは自動車はもはや金持ちのおもちゃではなくなったことに気づいた。

- **But the companies that refused to make hard choices, or refused to admit that anything much was happening, fared badly.** (P79)
しかし、困難な選択 (make hard choices) を避け、起きている大きな兆候を認めなかった会社は行き詰まった (fared badly)。

激しく変化する自動車業界で、その変化を機会として戦略的に活かした企業は成功を収めました。しかし、起きている変化を認めるのを拒んだ会社はいずれも行き詰まった、とドラッカーは語っています。

THE OPPORTUNITY

- **A change in industry structure offers exceptional opportunities, highly visible and quite predictable to outsiders.** (P81)
業界構造の変化は、極めて大きな (exceptional) イノベーションの機会を提供してくれる。それは、とても見えやすい機会であり、部外者にとって特に予見しやすいものだ。

ドラッカーは、業界構造の変化は業界「内部」で起きているものであるけれど、「外部」の人間にはとりわけ見つけやすい(predictable)、と言っています。

- **But the insiders perceive these same changes primarily as threats.** (P81)
しかし、内部の人は、これらの同じ変化をまず(primarily)脅威だと感じてしまう。

threats（脅威）という言葉も、ドラッカーが頻繁に使う語の一つです。この言葉の対として、やはり頻繁に使われるのが opportunity（機会）です。ドラッカーは、「変化を脅威ではなく、機会（チャンス）と捉えることが、イノベーションを起こすための絶対条件だ」と繰り返し強調しています。

Column　業界構造の変化を観察しよう

　例えば、自動車業界は、近年までは安定した業界構造が続いていたように見えます。飽和市場と言われながらも、日本国内にも10社近くの自動車メーカーがあります。ですが、ここ最近は、IoT (Internet of Things：モノのインターネット) という言葉がトレンドになり、車とITが接続されることによるさまざまなサービス拡大や、人工知能 (artificial intelligence, AI) による自動運転技術の進化など、従来とは全く異なる大きな変化が業界で起きています。変化の兆しが見えるというよりも、既にかなり変化の種が広まっている段階と言えるでしょう。この変化を機会として利用するイノベーターのうち、大きな成功を手にするのは誰なのか、非常に興味深いところです。
　また、自動車業界以外にも、医薬品業界、住宅業界、通信業界など、異業種からの参入が増え、プレイヤーの顔ぶれも変化し、市場ニーズも激変している産業がたくさんあります。まさに今現在起きている業界構造の変化。ここから、どのようなイノベーションが生まれるか、ドラッカーの原著に書かれた視点で分析し、思考してみるのはとても面白いでしょう。

● **..., decided that this offered them an opportunity to start their own innovative business.** (P82)

［若者たちはこの変化が］何かしらイノベーティブな事業を自らスタートするチャンスを与えてくれていると判断した (decided)。

1960年代のアメリカで新たな病院・医療ビジネスを立ち上げた若者たちが、起きている医療業界の変化をどのように受け止めて、のちにイノベーションの成功につなげたのか。それをこの文で端的に表現しています。「変化が何かしらのチャンスを自分たちに提示してくれている」という特有の言い回しを、ドラッカーはよく使います。変化を機会として捉える、イノベーターの特徴的な考え方を強調するためです。

変化は「脅威」か、それとも「機会」か

　組織で仕事をしていると、人は無意識のうちに「安定」を求めます。秩序立って動いている現状が長く続くことが、安定した収入や昇進につながるからです。表向きは、「変化に前向きにチャレンジしていきたい」と言っていたとしても、例えば組織構造の変化や業界の競争関係の変化、顧客のニーズの変化などが起きると、無意識に危機感や脅威を感じるのが、人間として普通の心理かもしれません。そして、その無意識が、「現在の自分の立場や方法を守りたい」という意識につながっていきます。

　ドラッカーは、これと全く同じことが、人間の集合体である企業で起きるのだと言います。変化をチャンスと捉えて前向きに活かそうとしない、あるいは変化そのものを「そんなものはない」と否定して、向き合おうとしない姿勢がイノベーションからどんどん自社を遠のかせ、ひいては新しい業界地図の中でポジションを失ってしまうのです。

　「変化 (change)」を「脅威 (threat)」ではなく、「機会、チャンス (opportunity)」として捉える――。チームを率いるリーダーの皆さんはこの言葉をぜひ心に留めて、日々の仕事の現場で積極的に発信していきましょう。そうすることで、メンバーの考え方や、組織の風土も変わっていくはずです。

- **These cases would just be anecdotes except for one fact: each of the innovators concerned *knew* that there was a major innovative opportunity in the industry.** (P82)

これらのケースは単なる逸話 (anecdote) に過ぎないかもしれない。しかし、一つだけ共通する事実がある。ここに登場するイノベーターたち個々人が、業界内に大きなイノベーションの機会があることに「気づいていた」という事実だ。

- **Each was reasonably sure that an innovation would succeed, and succeed with minimal risk.** (P82)

彼らはイノベーションが成功すること、さらに最小のリスクで成功することを合理的に確信して (reasonably sure) いた。

ドラッカーは、「本当のイノベーターはむやみにリスクを冒さない」と考えます。変化に機会を見いだすというイノベーションの成功原則を適用すれば、イノベーションによるリスクは最小に抑えられ、成功の確率は高まると

Column

イノベーターにとっての「リスク」とは

　原著でドラッカーが強調したかったことの一つは、優秀なイノベーターほど「リスクが高い」とは口にしない、ということです。
　ドラッカーが述べているように、本当のイノベーターは原則に合った思考をします。例えば、この章に登場した「業界構造の変化を機会として利用する」という考え方を徹底して身につけて、機会の分析をすれば、おのずと意思決定のリスクは軽減され、成功確率が高まります。
　たしかに、私自身の経験からも、役員会で「リスクをとって挑戦してみましょう」といった類の発言が頻繁に出るときは危ないです。「リスクをとる」ということが美化されて、最も重要な「イノベーターとしての分析と思考を徹底して行ったか」がおざなりにされてしまうからです。
　もちろん、事業なので、失敗する可能性もありますし、リスクが皆無になることはありえません。しかし、ドラッカーの本に書かれているような原則に基づいて、イノベーションを起こすための考え方を修得できれば、リスクはかなり下がり、成功確率は上がるはずです。

考えていたのです。前述の言葉は、その意図をあらためて示しています。

WHEN INDUSTRY STRUCTURE CHANGES

● **Four near-certain, highly visible indicators of impending change in industry structure can be pinpointed.** (P83)

業界構造内に差し迫っている (impending) 変化を示す、ほぼ確実でかなり目に見えやすい (highly visible) 指標 (indicator) を4つ、ここで紹介しよう。

1. The most reliable and the most easily spotted of these indicators is rapid growth of an industry. (P83)

これらのうち、最も信頼でき、最も容易に把握できる (easily spotted) のは、業界の急激な成長という予兆である。

ドラッカーの見立てでは、その業界がめざましいスピードで成長しているような場合、遅くとも市場規模が2倍になる前には、さまざまな業界構造の変化が起きるとしています。

2. By the time an industry growing rapidly has doubled in volume, the way it perceives and services its market is likely to have become inappropriate. (P83)

急成長している業界で市場規模が2倍に達するころには、業界従来のやり方やサービスはもはや現実に合わなくなっている (inappropriate) だろう。

急成長した業界の規模が2倍になるころには、それまでの市場認識の仕方やサービスのやり方の多くが、市場のニーズや現実に合わなくなってくると語っています。激しく変化する業界の中で、冷静に「構造がどう変わっているのか」を見つけることが重要だと述べています。

3. **Another development that will predictably lead to sudden changes in industry structure is the convergence of technologies that hitherto were seen distinctly separate.** (P84)

これまでは (hitherto) バラバラに存在していた複数の技術が融合する (convergence) タイミングも、業界構造が突然変化する前ぶれである。

4. **An industry is ripe for basic structural change if the way in which it does business is changing rapidly.** (P85)

業界内で「商売の仕方」が急激に変わっているときも、業界の基本構造が変わるべき機が熟した (ripe) ことを示すサインである。

- **Innovations that exploit changes in industry structure are particularly effective if the industry and its markets are dominated by one very large manufacturer or supplier, or by a very few.** (P85)

業界構造の変化をイノベーションに活かす考え方は、その業界が1社もしくはごく少数の大規模プレイヤーに独占されている場合には、特に有効な方法である。

- **Even if there is no true monopoly, these large, dominant producers and suppliers, having been successful and unchallenged for many years, tend to be arrogant.** (P85)

たとえ完全な独占 (monopoly) でないにしても、これら大規模で支配的な (dominant) 地位を持つ事業者は、長年にわたる成功と競合の不在ゆえに傲慢に (arrogant) なりやすい。

arrogant（傲慢な）も、ドラッカーがよく使う言葉です。長期間、何らかの市場で成功し続けることで、会社（というより、そこで働く社員）は傲慢になり、業界の中で起きている変化に気づきにくくなります。逆に言えば、だからこそ、業界構造の変化をチャンスと捉える新しいプレイヤーにとっては、イノベーションを起こす機会が生まれるということです。

- **They are likely to pay little attention to the new challenge, either treating it with condescension or ignoring it altogether.** (P86)
[もともとその業界で成功してきた事業者は] 自社に新たに向けられる「挑戦」に注意を向けることがほとんどない。挑戦を謙虚に (with condescension) 扱おうとしないか、または完全に無視してしまうかのどちらかだ。

ここで使われている challenge は、文字どおり、他者（社）が新たに仕掛けてくる「挑戦」という意味がある一方で、「従来のやり方への異議申し立て」「新たに名乗りを上げて挑戦すること」というニュアンスも含まれています。

- **Then only the very simple, specific strategy has a chance of succeeding.** (P87)
とてもシンプルで、的を絞った戦略にだけ、成功の可能性がある。

この「業界構造の変化」を機会とするイノベーションについての章を、ドラッカーはこのような言葉で締めくくっています。彼が何度も強調するのは、「イノベーションの戦略は、シンプルで的を絞ったものでなければならない」ということです。変化を見抜き、その活かし方を熟考し、考え抜いた打ち手は、シンプルで的を絞ったものになるはずです。そうすれば、実行しやすく、成功の確率も高くなります。

7　5つ目の種 ——人口動態

原著のここを読む！

I　THE PRACTICE OF INNOVATION
7. Source: Demographics (P88-98)

📚サマリーと読みどころ

　「イノベーションの機会につながる7つの変化の種〔seven sources for innovative opportunity〕」の5つ目です。いよいよ、自社または業界の「外」にある3つのsourceに入っていきます。この5つ目で語られるのは、「demographics（人口動態）」です。

　ドラッカーは、新しい事業やイノベーションを起こす上で、必ず人口動態に注目すべきだと言います。人口動態とは、文字どおり、年齢別の人口、居住者の数、進学者数など、人口に関する数値とその動きを指すものです。自動車製造であれ、教育機関であれ、小売業であれ、どのようなビジネスでも、「購買層に該当する人口がどれくらいいるか」「今後その人口がどう増減するか」という人口動態情報が極めて重要になります。

　これほど重要な「人口動態」には、もう一つ重要な側面があるとドラッカーは言います。それは、多くの人の想定より早く「変化」するということです。これまで5年、10年と当たり前に続いてきた人口構成が、今後も長く続くことはありません。誰でも年をとります。そして、年齢に応じ消費を抑え、あるいは消費の仕方をガラリと変える時期がくるものです。一般公開されている出生数や就労人数などの情報を確認するだけでも、近い将来に動く人口動態とそ

こから生まれる新たな機会は、誰でも予測することができます。

しかし、既存の事業者も専門家も、こうした人口動態を真剣に分析する人は少ないとドラッカーは言います。だからこそ、人口動態を真剣に分析し、「今後どのような人たちが顧客になるか」「それらの顧客は何を買うか」を真剣に突き詰めることが、大きなイノベーションの機会につながるというのがドラッカーの考えです。

またドラッカーは、「分析は始まりに過ぎない」とも書いています。分析して得られた洞察、仮説をもとに、実際に現場に行き、そこで時を過ごし、多くの人の話を聞き、自分自身の目で観察することが最重要です。その点にも、「事実」「現実」を重視するドラッカーの思想が現れています。

第7章にも、これまで同様、ドラッカー自身の経験や実例の観察から得られた、小売業から教育機関までさまざまな業界のエピソードが登場します。そうしたエピソードから、どのような人口動態が「機会」になったのか、あたかも自分がその時代に生きて、その事業に携わっているつもりで読み解くと、すぐにでも活かせる多くのヒントを得られるはずです。

💬 読み解きたいポイント

➢ 人口動態をビジネスの機会に活用した例がいくつか登場します。ドラッカーの思考をたどりながら、人口動態で「注目すべき数字」は何か、読み取ってください。

➢ 多くの事業者が人口動態を考慮できていないのは、なぜでしょうか。また、そのような落とし穴にはまらないために、私たちはどのようなことに注意すべきでしょうか。

➢ 人口動態を採用や雇用のイノベーションに活かした会社の事例も登場します。どのような点に注目し、どのように活かしたと書かれているでしょうか。

➢ 皆さんの事業でイノベーションを起こしていくために、人口動態で押さえ

るべきポイントは、何に関する、どのような数字でしょうか。また、それはどのようにすれば調べられますか。
➤ 「分析」だけでなく、現場に実際に行き、生の情報、実際の光景、人々の話からイノベーションの機会を探ることが大事だと書かれています。皆さんの事業でそれを行うとすれば、どのような行動が取れるでしょうか。

🔍 読み解くべきキーワードとキーセンテンス

● **demographics** (P88)
人口、人口動態、人口統計。

先述したとおり、ドラッカーは、時代別の出生数、就学児童数、就労者数、収入など人口に関する数値とその変動情報を総称して demographics と呼んでいます。demographics も、ドラッカーの経営理論の中で特に頻繁に使われる重要なキーワードです。

● **Of all external changes, demographics—defined as changes in population, its size, age structure, composition, employment, educational status, and income—are the clearest. They are unambiguous. They have the most predictable consequences.**
(P88)
外で起きるあらゆる変化のうち、人口動態(人口、規模、年齢構造、構成、雇用、学歴、収入などの変化)ほど確かなものはない。それは明白(unambiguous)だ。最も予測しやすい(predictable)結果を知らせてくれる。

なぜ、ここであえて unambiguous(曖昧ではない)という言葉を使っているのでしょうか。「明白な、明確な」という意味の単語は他にもあるにもかかわらず——。この言葉の選び方に、ドラッカーの意図が反映されています。

ドラッカーは、使う言葉に相当な「意図」を込める人でした。彼が使っている英単語は、難解なものではなく「ユニーク」な使い方のものが多いかもしれません。この unambiguous という言葉で彼が表したかったのは、「不明瞭さのかけらもない」という強いニュアンスです。人が生まれ、年を重ねるという人口動態は、動かしようのない evidence（証拠）なので、その変化は一切の主観を挟む余地のない「明確な事業機会のサインだ」と言いたかったのです。

- **Demographic changes tended to be just as fast, just as abrupt, and to have fully as much impact, in earlier times.** (P90)

  人口動態の変化は、傾向として、速く、突然 (abrupt) 起き、また大きな影響を及ぼす。

  一般に言われるほど人口動態の変化は時間のかかるものではないと、ドラッカーは強調しています。景気の動向や、人々のライフスタイル、文化などの変化が突然起き、それが人口動態に短期間で影響を与えることがあります。例えば、地域別や年齢別の出生数や、就学人口などへの影響です。特にめまぐるしく情報が行き交う現代は、なおさら人口動態の変化が短いスパンで発生すると考えるのが賢明です。

- **"baby boom"** (P91)

  「ベビーブーム」。出生率が急激に増加すること。

- **"baby bust"** (P91)

  「出生率の激減」のこと。

- **Demographic shifts in this century may be inherently unpredictable, yet they do have long lead times* before impact, and lead times, moreover, which are predictable.** (P92)

  ［女性の社会進出、都市部への人口流出、出生率の激増・激減など、原因の説明が困

難だった〕今世紀の人口動態の動きは、本質的には (inherently) 予測不可能 (unpredictable) かもしれない。しかし、それらの変化には、実際には影響が現れるまでに長いリードタイム、しかも予測可能なリードタイムが存在する。

ドラッカーは、ここまでにベビービーム期に生まれた女性の労働市場への参入など、いくつかの事例を述べています。人口動態が経済や市場に何かしらの影響を与えるまでには、リードタイムがあります。ですから、そのリードタイムの間に、人口動態の数字（特に出生数や就学、就労年）をきちんと把握し、近い将来何が人々から求められるようになるか、しっかり予測し備えることが重要だと強調しています。

*lead time リードタイム、通常は商品の発注から納品までの時間を指す

人口動態は「既に起こった未来」を確実に映す

　　ドラッカーは、「既に起こった未来」(the future that has already happened) という言葉をよく使います。既に起きている事象や数字を注意深く観察すれば、未来の予見ができるということです。人口動態 (demographics) は、この the future that has already happened の典型的な情報です。人は等しく年をとり、働き、学び、ライフサイクルに合わせて出費を行います。今見えている情報から、未来の姿をある程度は予測することができます。未来を予言することはできないかもしれません。しかし、人口動態を注意深く見れば、「既に起きている未来の姿」がありありと見えてきます。

　　demographics という言葉は、特にマーケティング戦略を立てたり、新規事業の戦略を立てたりする現場で、どんどん使ってほしい言葉です。出生数や就学人数、就労人数などの動かしがたい現実のデータは、説得力があります。ですから、この demographics という言葉が一般用語になるくらい現場で使われれば、きっと意思決定の質と精度も高まるはずです。

- **It will be five years before newborn babies become kindergarten pupils and need classrooms, playgrounds, and teachers.** (P92)

生まれたばかりの赤ちゃんが幼稚園生になり、教室、園庭、先生を必要とするまでには5年かかる。

この例でドラッカーが言いたいのは、出生数のような基本的な人口統計に目を向ければ、その数年後に必然的に求められる需要が明らかに予測できる、ということです。

- **What makes demographics such a rewarding opportunity for the entrepreneur is precisely its neglect by decision makers, ...** (P92)

人口動態が起業家にとってこれほどまでに有望な (rewarding) 機会になるのは、紛れもなく (precisely)、既存事業の意思決定者たちがその情報を軽視している (neglect) ためである。

これほどまでに重要で、明白であるはずの人口動態の数字ですが、既存事業の現場で意思決定をする人たちは軽視しがちだとドラッカーは言います。目の前で起きているライバルとの競争や利益確保に頭がいっぱいで、現在の人口動態が近未来にどのようなインパクト（影響）を市場や社会に与えるのかまで、思考が及ばないということかもしれません。

- **This unwillingness, or inability, of the experts to accept demographic realities which do not conform to what they take for granted gives the entrepreneur his opportunity.** (P93)

このように、自分たちが当たり前だと思っている (take for granted) ことに合わない (not conform) 人口動態に関する現実を、専門家たちは受け入れる意欲または能力がない。それが、起業家に大きなチャンスを与えることになる。

事業の意思決定者や経済の専門家たちが、人口動態にあまり注意を払わない

95

という現実こそ、イノベーションを起こす起業家にとっては絶大なチャンスになる、ということです。

- **But absolute population is the least significant number. Age distribution is far more important, for instance.** (P95)

しかし、人口の数字自体が重要なわけではない。例えば、年齢分布 (age distribution) の方がはるかに重要だ。

ある世代が何人いるかという情報よりも、全人口の中で各々の世代がどれくらいの割合を占めるかという「年齢分布」が大切だと、言っています。

- **Particularly important in age distribution—and with the highest predictive value—are changes in the center of population gravity, that is, in the age group which at any given time constitutes both the largest and the fastest-growing age cohort* in the population.** (P96)

年齢分布において特に重要、かつ、最も的中率 (predictive value) が高いのは、人口重心の中心（ある時期に、規模、成長率ともに最も大きい集団を形成する年齢グルー

累計700万部を超えたベストセラー作家の成功の秘訣

先日、ある著名なベストセラー作家の講演を聞く機会がありました。彼が強調していたのは、「これから何年かの間に、何歳くらいのどのような仕事をする人たちが増え、どのような経済環境にある人が多くなり、どんなことに興味を持って、どんな知恵や情報を求めるのか、徹底的に調べる」ということでした。過去の成功例や現在のマーケット情報だけでなく、「これから、どんな人が増えて、どんなことに関心を持つか」まで徹底して考え抜くプロ作家としての意識に感心しました。結果として、彼は出版業界にイノベーションを起こしたと言われるほど作家として成功し、700万部を超えるベストセラー作家になっています。まさに、「人口動態の徹底分析」で成功したイノベーターの一人と言えるでしょう。

ブ）の変化だ。

gravity（重心）という言葉は重要な用語です。人口動態、特に年齢分布は、当然ながら「日々刻々と変化」していくものです。今年20歳を迎えた人々は、当然、10年後には30歳代を迎え、徐々に結婚し、第一子を持ち始める人が多い世代になります。逆に、現在70歳代の人口は、寿命の観点から考えると、10年後は徐々に人口全体に占める割合が減ります。グラフを思い浮かべるとわかりやすいですが、全体の人口構成の中で、「重心がここにある」と言えるほどの大きな人数を持ち、さらにその全体に占める割合が（減少することなく）大きくなる世代のことをドラッカーは、gravity（重心）という言葉で表現しています。これを、国や地域ごとに分析することも有効です。起業家にとって、不可欠な情報と言えるでしょう。

*cohort （同一年齢などの）群 ［統計学用語］

● ... what they considered "value" in the merchandise they bought
(P98)
購入した商品の何に「価値」を感じたか

バカンス旅行サービス「クラブメッド」の成功例や、シューズ販売の事業でイノベーションを起こした若者の事例をあげ、ドラッカーは、注目する人口構成の中にいる「ターゲット顧客」が何を価値（value）と感じ、どのような価値を買うのか、徹底して考えたことが成功要因だと強調します。このvalueは、ドラッカーの経営学で度々登場する言葉です。「顧客が購入する（購入したい）価値」という意味です。イノベーションの鉄則の中でも、この「価値」に基軸を置くことに変わりはありません。

- **Thus, for those genuinely willing to go out into the field, to look and to listen, changing demographics is both a highly productive and a highly dependable innovative opportunity.** (P98)
このように、純粋に、自ら現場に出かけ、自ら見て、自ら聴こうとする意思のある者にとって、変化する人口動態は、何より生産的で信頼できる機会である。

ドラッカーは、イノベーションには「分析」と同じく「知覚」が重要だと言います。よって、人口動態の分析をした上で、最終的には「街に、現場に出て、自らの目で見て、耳で聴き、肌で感じる」ことが不可欠だと主張します。分析的思考に依存せず、最終的には人間が本来持っている「感覚」をも重視する考え方が、人間中心と言われるドラッカー経営学の特徴でもあります。

Column 人口動態は日々動く「生き物」

　私たちは、どうしても現在や過去（歴史）の観点から、物事を考えがちです。事業を立ち上げるために市場分析を行う際にも、「これまでの経緯」「現在の競争環境」といった情報に頼りがちです。しかし、ドラッカーが言うように、「人口動態や年齢分布は、日々、刻々と動いている」と考えるべきです。現在の人口構成や分布のグラフを頭に描き、それが5年後、10年後と、アニメーション画像のように動いているイメージを頭に描くとよいでしょう。まるで、それは「生き物」のようにリアルな現実の絵として捉えられます。新事業立案者は、その「動き」のイメージを映像として頭の中に置き、自身の提供するサービスや製品がどのようなニーズを持った、どういった年齢構成の人たちに、なぜ「受け入れられるのか」を考え抜くことが成功につながっていくでしょう。

ドラッカー基礎知識②
ドラッカーはなぜ「マネジメント」を探求したのか

　ドラッカーのもともとの関心領域は、「企業」ではなく、「人間と社会（の幸福）」でした。こう話すと、多くの方が意外な顔をします。「マネジメントの父」「経営学の教授」というイメージで定着しているからかもしれません。
　20世紀前半は2つの大戦に世界が揺れ、また若きドラッカーが生活していた頃のドイツにはナチスの全体主義思想が蔓延していました。大衆の心理が瞬く間に変容し、全体主義に傾倒する中で、命がけでその風潮に警鐘を鳴らしたのがドラッカーでした。その根底にあった問いは、
　「人間と社会は、どうすれば幸福になれるのか」
という根源的なものでした。
　なかなか答えの出ないこの問いを突き詰めていく中で、青年ドラッカーは、「社会」と「人間」の「間」に位置する「組織」（企業や職場）と、そのマネジメントというものの重要性に気づきました。多くの人が人生の大半を過ごす組織が「良くマネジメント」されていれば、そこで働く人も、そこから多様な「貢献」を受け取る社会も、幸福になるはずだと考えたのです。これが、ドラッカーが「マネジメント」を探求するに至ったきっかけです。

8 6つ目の種
——認識の変化

1	the unexpected
2	the incongruity
3	process need
4	changes in industry structure and market structure
5	demographics
6	**changes in perception**
7	new knowledge

原著のここを読む！

I THE PRACTICE OF INNOVATION
8. Changes in Perception (P99-106)

サマリーと読みどころ

「イノベーションの機会につながる 7 つの変化の種 (seven sources for innovative opportunity)」の 6 つ目、「changes in perception（認識の変化）」です。以前と同じ事実を見て、同じ言葉を使いながらも、その「捉え方」「意味づけ」が変わることがあります。これが、ドラッカーが言う changes in perception です。perception（認識）の変化を捉えることで、起業家、イノベーターは、それをチャンスとして有望な事業を創ることができます。

changes in perception は、7 つの要因のうちの 6 つ目ですから、この機会を発見し、活かすのはそれなりに難しいということです。「認識」というものは目に見えません。しかし、「認識の変化がイノベーションの機会になる」という前提を知っていれば、その「変化」を意識的に探し出すことができます。また、目に見えない機会だからこそ、それを発見して事業に活かすことができれば、他社がまねしにくいビジネスを生み出すチャンスにもなるのです。

ドラッカーは、この「認識の変化」は、単体としてではなく、「予期せぬ成功や失敗 (the unexpected)」「不調和、ギャップ (incongruities)」など、これまで出てきた他の source から、派生的に見えてくることもある、と言います。イノベーションの機会を発見する 7 つの source は、すべてつながったものと

して活用できます。

　他の章同様、さまざまな事例・エピソードを使って、ドラッカーは論を展開しています。皆さんの身近な例に置き換えて、読んでみてください。

💬 読み解きたいポイント

- ドラッカーが紹介している、いくつかの事例（健康意識や黒人や女性の社会進出に関する事例）は、どのような「認識の変化」について説明しているか、じっくり読み解いてみましょう。
- 皆さんの所属する組織や会社、または皆さんが行っている事業にとって、特に注目すべき「認識の変化」とは、どのようなものでしょうか。具体的に考えてみてください。
- 認識の変化が確実に起きているのか、あるいは一時的な流行に過ぎないのか、見極めるのが難しいからこそ、イノベーターはどのような点に注意すべきだとドラッカーは語っていますか。

🔍 読み解くべきキーワードとキーセンテンス

"THE GRASS IS HALF FULL"

- **perception** (P99)
「認識」という意味です。ドラッカーは、「人々のものの見方や捉え方」という意味で使っています。

- **... "The glass is half full" and "The glass is half empty."** (P99)
「コップに半分水が入っている」と「コップは半分空である」。

第8章は、この言葉から始まります。「コップの中に水がある」という同じ光景を見ても、人それぞれ捉え方、解釈の仕方、認識の仕方(perception)が異なるということを、ドラッカーはこの言葉で表現しようとしています。

- **And yet the nation is gripped by collective hypochondria. Never before has there been so much concern with health, and so much fear.** (P99)
しかし、この国は、いわば「集団ノイローゼ（hypochondria＝『心気症』）」にかかっている(is gripped)。いまだかつて健康への関心、というより健康を損なう恐れについて、これほど関心が高まったことはない。

ここで引用した Never before から始まる2つ目の文は、何かを強調するときにドラッカーがよく使う、「倒置」という表現スタイルです。
最初に「認識の変化」を示す例として、ドラッカーは、「健康」「医療」に関する例をあげています。医療技術や知識面で目覚ましい発展があったことを認めながら、重要なのは人々の健康に対する「認識」が著しく変化したことだと指摘します。医療技術の変化だけであれば、影響は医療機関にしかない

かもしれません。しかし、認識が変化したことにより、書籍、雑誌、または食事のレシピなどに幅広く事業機会が広がったというエピソードが紹介されています。今や日本でも常識的なこれらの「健康商材」は、最初に目をつけたイノベーターが「認識の変化」に注目した結果、成功につながったことは間違いありません。

- **In exploiting a change in perception, innovators, as we have seen, can usually count on having the field to themselves for quite a long time.** (P103)

ここまで見てきたように認識の変化を活かす (exploit) ことで、イノベーターたちは、長い間その領域で先導者になることを期待 (count on) できる。

健康や医療に関する意識の変化や、黒人や女性の社会進出、キャリアに関する認識の変化をドラッカーは事例としてあげてきました。これらの起きている認識の変化をいち早く捉え、事業のイノベーションに活かせば、その領域でのリーダー的地位を長い間、得ることができると言っています。

- **The results were unambiguous: "middle class" in contrast to "working class" means believing in the ability of one's children to rise through performance in school.** (P103)

その結果は、明確 (unambiguous) であった。「労働階級」とは対照的に、「中産階級」とは、彼らにとっては、子供たちが学校での成績次第で出世していけると信じられることを意味していた。

92ページに登場したunambiguousという言葉がここでも使われていますね。「異論を挟む余地がないほど明確な結果が出た」ということが強調されています。これは、のちに百科事典事業で成功を収めたウィリアム・ベントンが、街に出てヒアリングした際のエピソードです。「中産階級」という言葉自体は昔からあったものの、その言葉に人々が込めている意味が変化して

いた、という例です。彼はそこからヒントを得て、中流家庭に学習用の百科事典を提案販売し、大成功しました。

- **Unexpected success or unexpected failure is often an indication of a change in perception and meaning.** (P104)
予期していなかった成功や失敗が、しばしば、認識や意味づけの変化を見つけるヒント (indication) になる。

イノベーションの機会につながる7つの変化の種は、それぞれ個別に分析するだけでなく、どれかがきっかけになり、別の変化を発見することもできます。

- **When a change in perception takes place, the facts do not change. Their meaning does. The meaning changes from "The glass is half full" to "The glass is half empty."** (P104)
認識の変化が起こるとき、事実そのものは変わっていない。意味が変化しているのだ。「コップに半分入っている」から「コップが半分空だ」に変化している。

「事実」より「認識」の変化こそがビジネスチャンスに

　この章に書かれていることは、私たちが日常生活の中で自然に体感していることでしょう。将来のキャリア、結婚観、仕事観、ものへの欲求、人間関係に求めるものなど、時代に応じて人々の意味づけや認識が変化しています。

　例えば、車というもの自体は昔も今も大きく変わらないとしても、「豊かさの象徴として車を所有したい」と思っていた人が多かった時代から、「移動手段としての車は、シェアをして必要なときだけ使えればよい」という人が増えている時代に変わっています。この変化を機会として活かすか、脅威としてフタをしてしまうかによって、その会社の未来が変わってしまいます。カーシェアリングの関連事業は一つの大きな可能性ですし、また自動車メーカーも、それらの認識の変化を活かせば、新しい「車の価値」を提案していくチャンスが無限に生まれてくるでしょう。

- **Very often it cannot be quantified; or rather, by the time it can be quantified, it is too late to serve as an opportunity for innovation.** (P105)

多くの場合、それは数量化 (be quantified) できない。というよりも、数量化できる頃には、イノベーションの機会として役立てる (serve) には手遅れである。

THE PROBLEM OF TIMING

- **Executive and administrators admit the potency of perception-based innovation. But they tend to shy away from it as "not practical."** (P105)

経営者や経営管理者も、認識に基づくイノベーションの有効性 (potency) は理解している。しかし、「現実感がないから (not practical)」という理由で、それを避ける (shy away from) 傾向がある。

数量化、定量化できるものだけを信じたいと思う経営者や経営管理者の心理について言っています。数値化できない変化を知覚する努力も、イノベーターには不可欠です。

- **What's going on here?** (P105)

ここで、一体何が起きているのだろうか。

ある意味、この問いはイノベーションの機会を発見する上で必須のものかもしれません。さまざまな予期しなかった現象、合理化しにくい出来事、あるいは目の前で起きている認識の変化に対し、好奇心のアンテナを向けて、「一体ここで何が起きているのだ？」と問うことがイノベーターとして重要だと、ドラッカーは述べています。

105

- **But precisely because it is so uncertain whether a change in perception is a fad or permanent, and what the consequences really are, perception-based innovation has to start small and be very specific.** (P106)

しかし、認識の変化が一時的なもの (fad) か、あるいは継続的なもの (permanent) か、また結果が実際にどうなるのか不確実である (uncertain) からこそ、認識の変化を利用したイノベーションは、小さくスタートし、的を絞った (specific) ものでなければならない。

この文で第8章は締められています。uncertain（不確実な）という言葉は経営学や経済学でよく使われる単語で、ドラッカーも頻繁に使用します。章の最後で、ドラッカーは認識の変化を発見し、活用する「タイミング」について語っています。認識の変化は目に見えにくいものであるので、それが一時的な流行に過ぎないか、継続的なものか、活用するタイミングも含めて見極める必要があります。また uncertain（不確実）だからこそ、この認識の変化を活用したイノベーションは特に複雑なものではなく、まずは規模を小さくし、的を絞って行うべきだと言っています。

Column: 成功確率の高いイノベーションは「small and specific」

一般に、イノベーションと言うと、「大規模な技術投資」や「難度の高いM&A」などを伴うと誤解されがちです。あるいは、凡人には理解しにくい、天才的なひらめきや発想を思い浮かべる人も多いでしょう。ドラッカーの考えるイノベーションはそのような類のものではなく、誰でも、体系的に、明確な意図を持って行えるものだと、本書の冒頭でも述べました。イノベーションで大切なのは、大規模で複雑なことをするのではなく、「small and specific（小さく、的を絞って）」で始めてみることです。例えば、認識の変化に気づいたら、それに関する文章を書いて発信してみる、それらのテーマで小規模な勉強会やセミナーを開催すべく集客をしてみる、などです。そのように的を絞って、小さな行動を進め、イノベーションの機会に関する仮説を検証していくことが、最終的に大きな成功を生む秘訣です。

ドラッカー基礎知識③

「管理」ではなく「創造、創発」が manage の本質

　日本では、management を主に「管理」と訳してきました。しかし経営の文脈では、管理は本来 management ではなく、control の訳語です。管理と management は同義ではありません。ドラッカーのマネジメント理論の本質も、「集団を管理(control)する手法」ではなく、「集団により創造、創発を生み出す考え方」にあります。

　かといって、マネジメントにおいて「管理(control)」が不要というわけではありません。危険、損失、社会的信頼低下などを避けるため、組織には守るべきルールや基準が必ず存在します。実際に、ドラッカーの著書『マネジメント(Management)』の中にも、マネジャーの技法を紹介する章の中に、「管理」という項があります。ただし、この「管理」に相当する英語は、やはり control です。

　つまり、経営、マネジメントにおいては「管理(control)」が必要な局面も多いとはいえ、それは全体から見れば一部に過ぎないということです。むしろマネジメントが意識すべきは、そのチーム、集団によっていかに「創造、創発的な成果」が生み出されるか、なのです。それこそが manage という言葉の本来の意味でもあります。

9 7つ目の種
——新しい知識

原著のここを読む！

I THE PRACTICE OF INNOVATION
9. Source: New Knowledge (P107-129)

📚サマリーと読みどころ

「イノベーションの機会につながる7つの変化の種（seven sources for innovative opportunity）」のいよいよ最後、「new knowledge（新しい知識）」です。新しい知識とは、もちろん科学技術的な新しい知識も含みますし、それ以外にもビジネスの方法論や法的・制度的な知識、またそれら複数の「知識の融合」も含んでいます。

ドラッカーは、この新しい「知」によるイノベーションは、あらゆるイノベーションの中で最強で、成功した場合のインパクトが絶大だとしながらも、成功させることが最も難しいと述べています。第9章では、それだけ魅力的である「知識を活用したイノベーション」特有の性質やリスク、また成功のさせ方について、これまで同様、ドラッカーの膨大な観察事例を交えて述べられています。

この章は、大きく5つに分けられます。まず、① knowledge-based innovation（知識に基づくイノベーション）の2つの特徴（リードタイムの長さと convergence〈異質な知の融合〉）についての記述からスタートします。次に、② what knowledge-based innovation requires として、新しい知識に基づいたイノベーションを起こすために必要なことは何かが書かれています。

そして、③ unique risk として、特有のリスクが何かを書いています。続く④ shakeout（大再編）は、イノベーションが起きたあとに業界で起こる大きな動きや再編成についてです。最後の⑤ receptivity gamble（受容されるかどうかの賭け）は、知識に基づくイノベーションが「人々に受け入れられるかどうか」について、論が展開されています。

「知識を活かしたイノベーション」は、ある意味、これまでの6つの source を統合したものとも言えます。6つの source を分析した上で、強力な「知識」とその融合が加われば、さらに強いイノベーションになります。いわば「イノベーションの機会分析」の集大成であり、次の第2部、第3部に続く重要な橋渡しとなっています。ドラッカーも、第2部「起業家的なマネジメント」、第3部「起業家的な戦略」について随所でコメントしています。

登場する事例は、当然、書かれた当時のものです。しかし、それらの事例をドラッカーの視点をたどりながらじっくり読み解くことで、今私たちにとって身近な成長産業（IT〈情報技術〉やAI〈人工知能〉など）の未来を占うのに有効なヒントを知ることができます。皆さんがかかわっている業界や所属する組織が扱う商材やサービスは、果たして「知識を活用したイノベーションとして成功しうるか」。それを考えながら、読んでみてください。

💬読み解きたいポイント

➢「知識」に関するイノベーションとは何で、他の機会とはどう違うと書かれているでしょうか。
➢ 知識を活用したイノベーションの大きな特徴について、何が書かれていますか。皆さんの所属する業界に当てはめると、どのような具体例があるでしょうか。
➢ 知識を活用したイノベーションを成功させる上で、必ず行うべき重要なこととは何だと書かれていますか。
➢ 知識に基づくイノベーションの「リスク」は何でしょうか。どうしたらそ

のリスクを低減することができるでしょうか。
- shakeout とは、どのような現象でしょうか。どのような事例を使って説明しているでしょうか。
- 皆さんが所属する組織や業界の「イノベーション」を俯瞰して、shakeout がいつどのように起き、その後どのように業界が転換する可能性があるか。本書の内容を参考にして、考えてみてください。

読み解くべきキーワードとキーセンテンス

● **The knowledge, however, is not necessarily scientific or technical. Social innovations based on knowledge can have equal or even greater impact.** (P107)

しかし、知識とは必ずしも科学や技術に関するものとは限らない。知識に基づく社会的な (social) イノベーションも、同じか、それ以上のインパクト（影響）がある。

「知識」というと、一般的には科学や技術に関する専門的、先進的な知識・情報を思い浮かべる人が多いでしょう。しかし、ドラッカーの言うこの knowledge（知識）は、ビジネスの手法、販売方法、学問的知識、世間一般に新たに生まれた情報など、幅広いものを指します。科学技術以外の分野で起こるイノベーション（例えば、医療や教育など社会分野のものから、企業で言えば業務プロセスや配送方法に関するイノベーションなど）も、科学技術によるイノベーションと同等か、それ以上のインパクト（影響）を及ぼすとドラッカーは強調しています。

THE CHARACTERISTICS OF KNOWLEDGE-BASED INNOVATION

● **Knowledge-based innovation has the longest lead time of all innovations.** (P107)

知識に基づく (knowledge-based) イノベーションは、あらゆるイノベーションの中で最もリードタイムが長い。

知識が生まれてから、それがイノベーションを伴う新しい事業として世の中に出るまでに、長いリードタイムがあります。これが、知識活用型のイノベ

knowledge（知識）こそ現代企業最大の「資本」

ドラッカーは、「知識」という言葉を単なる専門知識や専門分野の情報という狭い意味で使ってはいません。彼は、社会が「産業資本 (industrial capital)」の時代から「知識資本 (knowledge capital)」の時代へと大きく変化していくと、半世紀以上前に予見しました。つまり、設備や工場といった「目に見える」資本から、人の知恵や知識や発想力といった「目に見えない（人の内面にある）」資本に、企業の競争優位性*を決める鍵が移る、という見立てです。

約50年を経て、ビジネス環境はまさにそのとおりになっています。ハイテク産業に限らず、タクシー業界も、自動車業界も、教育業界も、「知識」「知恵」を持つ若者たちが、次々と新しいマーケットを生み出し、企業価値を高めています。株式が未公開のある米国ベンチャー企業（創立5年未満）の時価総額は、JR東日本のそれを既に上回っています。そのような状態が良いかどうかは別として、設備や機材がなくとも、「知識」で事業が次々と立ち上がり、一気に市場を広げていく時代であることは間違いありません。

ドラッカーが言うように、「知識」は経営の一要素ではなく、もはや「資本」そのものになっています。日本でも海外でも、経営（マネジメント）にかかわる人にとって、この knowledge という言葉は、それだけ重要な意味を持つことを知っておきましょう。

*競争優位性　他社がまねできない方法などで、競争において優位に立つこと

ーションの第一の特徴だと言っています。この文以下、コンピューター業界、自動車業界、住宅業界の事例を引用しながら、いかに事業として結実するまでにリードタイムがかかったかが紹介されています。

CONVERGENCES

- **The second characteristic of knowledge-based innovations—and a truly unique one—is that they are almost never based on one factor but on the convergence of several different kinds of knowledge, not all of them scientific or technological.** (P111)

知識に基づくイノベーションの第二の特徴（まさしくユニークな特徴）は、一つの要素だけではなく、いくつかの異なる種類の知識（科学や技術に関するものだけでなく）が「収束 (convergence)」されて実現するという点だ。

convergence は日本語で言うなら「収束」です。似ている語に integration や merger （「統合」「合体」の意味）がありますが、ドラッカーがあえて convergence という単語を選んだのは、この convergence には、「多くのバラバラだった光が１点に集まるように、分裂して存在していたものがまとまって収まりがつくこと」という意味があるからでしょう。単に２つ以上あるものが１つに「統合」「合体」する、というニュアンスではなく、異質だった光（知識）が焦点に向かって集まり、一つの新しい形（イノベーション）になる、というイメージをドラッカーはこの言葉で表現したかったはずです。

- **Bennett* brilliantly exploited the twin technological knowledge bases on which a modern newspaper rests: the telegraph and high-speed printing.** (P113)

ベネットは、近代の新聞の土台となる、２つの技術的な知識を見事に (brilliantly) 活用した──電信技術と高速印刷技術である。

新聞という今では当たり前のサービスも、ある起業家によってそれが世に出されたときには、2つの異なる技術知識を融合させて実現した、ということです。

*Bennett 近代の新聞産業の礎を築いた米国人 James Gordon Bennett

WHAT KNOWLEDGE-BASED INNOVATION REQUIRES

1. **In the first place, knowledge-based innovation requires careful analysis of all the necessary factors, whether knowledge itself, or social, economic, or perceptual factors.** (P115)

最初に、知識に基づくイノベーションを起こすには、知識自体、あるいは社会、経済、認知 (perceptual) に関する必要な要素すべてについて、慎重な分析が必要になる。

The analysis must identify what factors are not yet available so that the entrepreneur can decide whether these missing factors can be produced—as the Wright Brothers decided in respect to the missing mathematics—or whether the innovation had better be postponed as not yet feasible. (P115)

分析により、どの知識要素がまだ揃っていないのか、見極めなければならない。そうすることで、起業家は、これらの不足している (missing) 要素は作り出せるものか (ライト兄弟が、欠けていた数学的知識について決意したように)、あるいはイノベーション自体をまだ実現不可能として延期するのか、意思決定できる。

事業においてイノベーションを成功させるために、全体としてどのような知識が必要かを徹底して分析する必要があります。必要な知識全体 (技術的知識や法務的知識など) を計画段階ですべて洗い出し、全体を見た上で「欠けているものが何か、それは作り出せるものか」についても徹底的に分析することが大切だということです。

2. The second requirement of knowledge-based innovation is a clear focus on the strategic position. (P117)

知識に基づくイノベーションに必要なことの2つ目は、明確な焦点 (clear focus) を絞って戦略的な立ち位置を決めることだ。

Here the innovators almost immediately have far more company than they want. They need only stumble once to be overrun. (P117)

ここで、求めもしないのに圧倒的に多くの企業が参入してくることになる。イノベーターはいったん追い抜かれれば (be overrun)、事業につまずいて (stumble) しまう。

知識に基づくイノベーションの2つ目の requirement（要件）で、ドラッカーが強調しているのは、「競争優位性」です。「知識」の前の6つのイノベーションの source においては、周りが気づかない機会を見いだしたイノベーターたちは、厳しい競争にさらされることなく、じっくりイノベーション活

Column

「知識資本」の時代は「営業」にも複数の知識が必要に

　ドラッカーは、「知識」が産業や経営上の最強の武器になる「知識資本」時代の到来を早くから見通していました。現代においては、「買い物」も「教育」も「健康管理」も「スポーツ観戦や指導」も、かつてのような個別に閉じられた世界ではなく、科学技術的知識や生理学的、脳科学的な知識など、複数の知識の集合により実現されるものがほとんどです。
　以前は単純労働と言われた仕事でも、現代はさまざまな知識を持たなければできなくなっています。企業でも、今日の営業パーソンの苦労は並々ならぬものがあります。既存の商品知識を持っていれば、十分に営業ができた時代は過ぎ去っています。例えば、住宅の営業を思い浮かべればわかりやすいでしょう。「商品知識」「技術知識」「法制度知識」「金融知識」など、家を売るためには多くの知識の習得に励まなければいけません。経営層の方たちが経験してきた「営業」と、現代の若手・中堅社員が経験している「営業」は、大きく異なっています。それが、役職間の認識のズレ（営業に必要とされる知識量や、今日の営業特有の苦労などに関する前提のズレ）にもつながるので、注意が必要です。

動に没頭できました。しかし、この知識に基づくイノベーションは、事情が異なります。競争が激しくなり、自分のペースでイノベーションを進められなくなる危険性があります。だからこそ、明確な focus（焦点）を絞った戦略的な立ち位置（自社が優位になれる立ち位置）を確保せよ、とドラッカーは言っているのです。

- **There are basically only three major focuses for knowledge-based innovation.** (P117)

基本的に、知識に基づくイノベーションにおいて「フォーカス」すべきは、以下3つの主な要素だけだ。

1. *complete system* (P117)

完成したビジネスシステム

考えるべき「フォーカス」の1つ目としてあげられています。IBMが当初、コンピューターを売るのではなくリースをすることによって成功したビジネスが事例として紹介されています。事業の仕組み（システム）を完成させることが、知識に基づくイノベーション成功の鍵です。

2. *market focus* (P117)

市場の絞り込みと集中

3. *to occupy a strategic position* (P118)

戦略的に優位なポジションで独占すること

ドラッカーは、知識を活用したイノベーションには、この3点に「フォーカス」を絞ることが重要だと言います。すなわち、自分たちのユニークなビジネスモデルとビジネスシステムを明確に確立すること、対象市場は絞ること、そして絞った市場の中で独占的地位を目指すこと、の3点です。

focus も、ドラッカーが頻繁に使う言葉です。特に、知識に基づくイノベーションは、ハイリスクハイリターンであるため、なおさら「的を絞って（focus して）」事業を考えることが不可欠です。

3. Finally, the knowledge-based innovator—and especially the one whose innovation is based on scientific or technological knowledge—needs to learn and to practice entrepreneurial management. (P119)

最後に、知識（特に科学や技術的な知識）を活用するイノベーターに求められる3つ目の要件は、起業家的な（entrepreneurial）マネジメントを学び、実践することだ。

原著の第2部以降で、entrepreneurial management（起業家的なマネジメント）の説明が展開されています。ドラッカーは、知識を活用したイノベーションはリターンも大きいかわりにリスクも大きいため、特にこの「起業家的なマネジメント」を実践することが重要で、それによりリスクをある程度まで軽減できると言っています。

THE UNIQUE RISKS

● First, by its very nature, it is turbulent. (P120)

何よりも、まさにその性質として、不安定で変化が激しい（turbulent）ということがある。

ここから、知識に基づくイノベーション特有のリスクについて語られていきます。この turbulent という単語も、ドラッカー独特の言葉の選び方で興味深いです。「不安定な」を意味する語であれば、他に unstable などがあります。しかし、ここでドラッカーは、「（風や波が）荒れ狂う」というイメージを強調するために、turbulent という単語を使いました。以降にも書かれているとおり、知識に基づくイノベーションにより、業界の環境は激しく変化

します。ときに、イノベーター自身が全く制御できない市場の混乱をも生み出します。そういった変化の激しさを表現するために使っているのが、このturbulent です。

● **But each time without exception the survivor has been a company that was started during the early explosive period.** (P121)
しかし、いずれの場合も、生き残るのは、市場が爆発的に生まれた初期段階に誕生した会社であることがほとんど (without exception) だ。

新しい知識の誕生により市場機会が生まれ、多くの企業がなだれ込み、戦いを繰り広げ、また多くの企業が淘汰されます。ドラッカーは、そのようなプロセスの中で最後に生き残るのは、初期からその市場に参画していた企業である場合がほとんどだ、と言っています。

乱気流時代の経営 (Managing in Turbulent Times) が現実に

知識に基づくイノベーションで使われているturbulent（荒れ狂う、激しく動く）という言葉は、ドラッカーの著書『Managing in Turbulent Times』のタイトルとしても使われています。邦題は『乱気流時代の経営』です。1980年に書かれたこの著書で、ドラッカーは文字どおり「乱気流の中を飛ぶ飛行機のように」変化の激しい事業環境の中での経営（マネジメント）が求められる時代について、予見していました。

それから30年以上が経った現在、その予見は実際に目の前に起きています。新しい知識が次々と生み出され、情報ネットワークを介して瞬く間に国境を越えて世界中に広がり、新しい産業が次々と誕生し、顧客だけでなく、社員の求める働き方や意識もめまぐるしく変わっています。まさに、「乱気流の時代」にどう経営していくのか──。原著の中でドラッカーが述べている「起業家的なマネジメント」（第2部以降）には、活用できそうなヒントがたくさんあります。

- **These facts have two important implications.** (P122)
  これらの事実から、2つの重要な示唆 (implication) が得られる。

新興市場で起こる激しい変化を観察した結果、2つの重要な示唆が得られた、と言っています。

1. **First, science-based and technology-based innovators alike find time working against them.** (P122)
   まず、科学や技術を土台にしたイノベーターたちは、皆同様に (alike) 時間を味方につけられないことに気づくだろう。

これまであげてきた6つの source を活用してイノベーションを起こせば、たいていの場合は自分たちの意のままに時間を味方にできました。しかし、知識を活用したイノベーションではそうはいかない、とドラッカーは言っています。

The environment is harsh and unforgiving. And once the "window" closes, the opportunity is gone forever. (P122)
環境は厳しく (harsh)、容赦がない (unforgiving)。そして、ひとたび「窓」が閉じてしまうと、チャンスは永遠に戻ってこない。

知識に基づくイノベーションのリスクや厳しい現実について語っています。この章では、ドラッカーが頻繁に window という言葉を使っています。この「window（窓）」は、新市場に参入できるタイミングや「（実質的な）期限」を表すために使われている比喩です。新しく起こった新興市場は、一見参入が可能そうに見えても、業界や競争構造の変化などから、既に機を逸している場合もありえます。window が開いているタイミングと閉まるタイミングがあるので、起業家は「窓」が今どういう状態か、冷静に考えて意思決定する必要があると警鐘を鳴らしています。

2. Because the "window" is much more crowded, any one knowledge-based innovator has far less chance of survival. (P123)

「窓」はさらに混雑してくるので、知識を活かしてイノベーションを仕掛ける者が生き残れるチャンスはますます少なくなってしまう。

ここでも、コンピューター業界で起きた事例をあげながら、そもそも「窓」が開いているかどうか、また競争相手がどれくらい群がっているか、といった重要な点を見極める必要性を語っています。

THE SHAKEOUT

● The "shakeout" sets in as soon as the "window" closes. And the majority of ventures started during the "window" period do not survive the shakeout, as has already been shown for such high-tech industries of yesterday as railroads, electrical apparatus makers, and automobiles. (P124)

「窓」が閉まるとすぐに、大再編 (shakeout) が始まる (set in)。そして、「窓」が開いていた期間に生まれた多くのベンチャー事業が、この大再編を生き残ることができない。これは、鉄道、家電 (electrical apparatus)、自動車業界など、かつてのハイテク産業でも既に見受けられる。

shakeout という言葉はあまり聞きなれないかもしれません。これも、ドラッカー独特の観察眼から生まれた表現です。新興市場の華やかな誕生、そして多くのベンチャー事業の参入を経て、その活況期が終わったあとに訪れる「大再編」「統廃合」の状態を意味する言葉です。

- **The rhythm—a period of great excitement during which there is also great speculative ferment, followed by a severe "shakeout"—is particularly pronounced in the high-tech industries.** (P125)

投機 (speculative) 熱も高まる (ferment) 熱狂的な時期のあとに、深刻な統廃合期が訪れるという、この一定のリズムは、特にハイテク業界に顕著に見られる。

- **One major reason for this is the need to plow more and more money back into research, technical development, and technical services to stay in race. High tech does indeed have to run faster and faster in order to stand still.** (P126)

その主な理由の一つは、レースで生き残るために、さらに多くのお金を研究、技術開発、そして技術サービスに投入 (plow) しなければならないことだ。ハイテク企業は、(落ち着いて) 立ち止まるためにさえも、ますます速く走ることが求められる。

ハイテク企業は長きにわたって高収益を維持することが難しく、必要投資額も加速度的に増えやすいです。その結果、事業としての浮き沈みも激しいという現実を表現しています。

- **There is only one prescription* for survival during the shakeout: entrepreneurial management.** (P126)

大再編の時代を生き抜く唯一の方法 (prescription) が、起業家的なマネジメントを行うことだ。

ここでも、以降の章に続く、起業家としてのマネジメントの重要性を強調しています。

*prescription　処方（箋、薬）

THE RECEPTIVITY GAMBLE

- All other innovations exploit a change that has already occurred. They satisfy a need that already exists. But in knowledge-based innovation, the innovation brings about the change. It aims at creating a want. And no one can tell in advance whether the user is going to be receptive, indifferent, or actively resistant. (P126)

[これまで紹介されてきた]他のイノベーションはどれも、既に起きている変化を活用したものだった。既に存在しているニーズを満たすものだった。しかし、知識を活用したイノベーションでは、イノベーションそのものが変化を引き起こす。「ウォンツ」を創り出す。さらに、利用者や顧客が受け入れてくれる (receptive) のか、無関心な (indifferent) のか、あるいは激しく抵抗する (actively resistant) のか、前もってわかる者は誰もいない。

receptivity とは、「受容性」(受け入れられるかどうか) という意味です。新しい知識を活用したイノベーションは、その斬新さゆえに、消費者や顧客にそもそも「受け入れられるかどうか」が大きな賭けになります。上記の文章では、この「受容性」という点から、知識を活用したイノベーションと他のイノベーションとの根本的な違いを説明しています。

- Yet the risks even of high-tech innovation can be substantially reduced by integrating new knowledge as the source of innovation with one of the other sources defined earlier, the unexpected, incongruities, and especially process need. (P129)

「the unexpected (予期していなかった結果)」「incongruities (不調和や不一致、ギャップ)」、そして特に「process need (プロセスニーズ)」といったこれまで述べてきた他のイノベーションの source と、新しい知識という source とを融合すれば、ハイテク業界におけるイノベーションのリスクさえも、大きく (substantially) 軽減できる。

これまで登場した6つのイノベーションのsourceと、知識によるイノベーションを合わせることで、イノベーションの勝機を高め、リスクを軽減させることができると言っています。

- **The risks they face are different, too; time, for instance, is not on their side. But if the risks are greater, so are the potential rewards.** (P129)
［新しい知識を活用する］イノベーターたちが直面するリスクも、他のイノベーションとは全く異なる。例えば、時間を味方にできないのは特徴的なリスクだ。しかし、そのリスクが大きければ、もたらされうるリターン(potential rewards)も大きいのである。

ドラッカー基礎知識④

マネジメントを「リベラルアーツ（一般教養）」と捉える理由

　ドラッカーは、「マネジメントとはリベラルアーツ（一般教養）である」と言います。「マネジメント」にかかわる人は、人間学、社会学、経済学、政治学、心理学、歴史学などにも広い関心とアンテナを持つ必要がある、ということです。各々の「専門家」である必要はなくとも、いずれも「人間」「社会」とかかわるテーマ（リベラルアーツ＝一般教養）をある程度知った上で、それらの知識や知恵を統合し、企業が提供する財やサービス（車、家屋、情報システム、娯楽サービスなど）に役立てるべきだというのが、ドラッカーの一貫した思いでした。そうすることで、経済的にも優れ、また本当に社会にとって長く必要とされる製品が生まれると考えたのです。

　ドラッカーが20代の頃から95歳で亡くなるまで、「3年間に1テーマを徹底的に身につける」という習慣を続けた話は有名です。経営学（マネジメント）だけでなく、前述のとおり、政治、経済、歴史、宗教、哲学、統計など、さまざまな学問に通じ、大学でも教えていました。芸術分野にも秀でていて、特に日本画の大ファンでコレクターであったこともよく知られています。大学では、東洋美術についても教えていました。

　こうしたリベラルアーツへの関心は、ドラッカーにとっては趣味や雑学の領域ではなく、いずれも「社会」「組織」「人」に関連する、すなわち自分の研究対象である「マネジメント」に深くかかわるものでした。リベラルアーツの分野から得た感覚や知識が、彼の経営理論やアドバイスに人間的な説得力を加え、世界中に広まっていったのです。

10 優れたアイディアと
イノベーションの原則

原著のここを読む！

I THE PRACTICE OF INNOVATION
　10. The Bright Idea (P130-132)
　11. Principles of Innovation (P133-140)

📖サマリーと読みどころ

　いよいよ第1部「イノベーションを起こす (The Practice of Innovation)」の総括に入ります。第2部「起業家的にマネジメントする (The Practice of Entrepreneurship)」につながる章です。

　これまで、「イノベーションの機会につながる7つの変化の種」をそれぞれ見てきました。ここであえてドラッカーは8つ目のsourceとして、「あざやかな（優れた）アイディア (bright idea)」にも言及します。しかし、これは、7つのsourceの外にあるものです。なぜ別枠なのでしょうか。「優れたアイディア」だけでは、目的を持った意図的なイノベーションを実現することはできないからです。

　ドラッカーももちろん、素晴らしいアイディアのひらめきを否定しません。原著にも登場する、洋服のジッパーやボールペンなど、素晴らしいアイディアで大ヒットした商品もたくさんあります。しかし、その欠点は、「再現しにくい」ことです。経営としてイノベーションを起こすためには、7つのsourceに照らし、機会を分析し、その機会を起業家としてどう活かす (exploit) か、という目的と戦略がなくてはなりません。ひらめきだけでは、ハイリスクハイリタ

ーンなイノベーション手法から抜け出せないのです。そのような考えから、ドラッカーは、この「優れたアイディア」をあえて別枠として取り上げています。

続く「イノベーションの原則 (principles of innovation)」では、「イノベーションを成功させる原理原則」について総括を述べています。イノベーションを成功させるために「何をするべきか」と「何をしてはならないか」がとても簡潔に書かれているので、実務で役立つ点が多いでしょう。

このあとの第2部「起業家的にマネジメントする (The Practice of Entrepreneurship)」や第3部「起業家的に戦う〜戦略〜(Entrepreneurial Strategies)」につながる、とても大切な章です。皆さんの実務に当てはめて読めば、イノベーションの成功原則をより具体的に理解できるはずです。

🗨 読み解きたいポイント

- bright idea によるイノベーションは、どのような点で問題があり、過度に評価するべきではない、と書かれていますか。
- bright idea に依存するのではなく、何をイノベーションの「原則」として守るべきだと書かれていますか。
- イノベーションを成功させるために「意識して行うべきこと」として、どのような点があげられていますか。皆さんがかかわる仕事の現場に当てはめると、ここから何を活かすことができますか。
- 逆に「してはならないこと」について、何が書かれていますか。皆さんの仕事に当てはめて考えると、活用できることはどのようなことですか。
- 「イノベーションを成功させる3つの条件」として、どのようなことが書かれていますか。
- イノベーションを起こす起業家と「リスク」の関係について、どのようなことが書かれていますか。

🔑 読み解くべきキーワードとキーセンテンス

10. The Bright Idea

● **bright idea** (P130)
「あざやかなアイディア」「優れたアイディア」。ここでは、「あざやかなひらめき」「天才的な発想・着眼によるアイディア」を意味しています。

● **Innovations based on a bright idea probably outnumber all other categories taken together.** (P130)
あざやかなアイディアによるイノベーションは、おそらく数としては突出して多い (outnumber) だろう。

● **Yet bright ideas are the riskiest and least successful source of innovative opportunities.** (P130)
しかし、あざやかなアイディアは、イノベーションの機会につながる source としては、最もリスクが高く成功確率が低いと言わざるをえない。

● **This belief that you'll win if only you keep on trying out bright ideas is, however, no more rational than the popular fallacy that to win the jackpot at Las Vegas one only has to keep on pulling the lever.** (P131)
あざやかなアイディアをひたすら試し続ければいつかは成功するという思い込み (belief) は、ラスベガスで大儲けするにはひたすらレバーを引き続けるのみ、というよく言われる誤った認識 (fallacy) と同じで、合理的 (rational) とは言えない。

ドラッカーは、あざやかなアイディアや発想を否定しているわけではありません。しかし、原著では一貫して、「目的と意図を持った」イノベーション

を行うことが経営（マネジメント）として重要だと言っています。「一発当てる発想」ではなく、誰でも方法論を身につければ実現できる「イノベーション」を伝えようとしているのです。

● **Systematic, purposeful entrepreneurs analyze the systematic areas, the seven sources that I've discussed in Chapters 3 through 9.** (P131)
イノベーションの考え方と目的を知っている起業家たちは、本書の第3章から第9章まで論じてきた7つのsourceを体系的に分析する。

● **And this is, of course, the reason why so much of the literature on entrepreneurship deals with starting and running the new venture rather than with innovation itself.** (P132)
起業家精神についての文献の大多数が、新しいベンチャービジネスを立ち上げ、運営することに主眼を置き、「イノベーション」そのものが一体何かについて触れていないのはそのためだ。

bright ideaによるイノベーションで成功した起業家に対しては、世間もその「アイディア」にばかり注目しがちです。しかし本来は、偶発性や属人性の高いbright ideaそのものよりも、どのような「イノベーション」がどのような考え方で行われたかを理解することの方が重要です。ドラッカーは、起業家精神についての書物の多くが、起業と経営のストーリーにばかり光を当て、最も重要な「イノベーション」そのものを深く掘り下げていないことに不満を示しています。ドラッカーは一貫して、事業におけるイノベーションの考え方は「再現可能」「説明可能」であるべきだとしていました。

11. Principles of Innovation

● **principles of innovation** (P133)

「イノベーションの原理、原則」のこと。

● **They cannot be replicated, cannot be taught, cannot be learned.** (P133)

［例えば、奇跡的に病気を治癒するような方法は］複製する (replicate) ことも、教えることも、学ぶこともできない。

ドラッカーは、この章でイノベーションの「原則」の総括をしています。

Column　**起業家が「後継者」に伝えるべきことは**

　昔も今も、事業を大きく成長させた起業家が、それを後継者に引き継ぐタイミングや後継者を決めることは難しいものです。大企業でも、中小企業でも、その難しさは変わりません。昨今話題を集めたさまざまな創業社長の後継者選びに関するニュースを見ても、それは明らかです。

　ドラッカーのメッセージを読んでいると、その理由がわかる気がします。起業家、つまり事業を立ち上げる人というのは、「発想」があまりに鋭く、あざやか。自分独自のアイディアを形にしている人が圧倒的に多いです。しかし、経営管理手法や知識は継承できたとしても、イノベーションを起こす「考え方」はなかなか伝えられません。それが、多くの創業者が抱くジレンマかもしれません。「事業を後継者に引き継いだが、ここ数年イノベーティブな商品が生まれていないことが不満だ」ともらす創業者が多いのも、そのためでしょう。

　bright idea によるイノベーションの限界は、まさにそこにあります。本来は、アイディアそのものではなく、「どのような機会を観察し、どのような思考で分析し、どう機会を活かしてイノベーションしたのか」を伝えていくべきです。そうすることで、偉大な起業家のイノベーション思考が「体系的」に伝承され、新しい事業を創り発展させる起業家が社内にも増殖していきます。それが、ドラッカーが目指した持続的に繁栄する企業と社会のイメージです。

最初に、奇跡的に病気を治癒する医師などの例をあげ、その偉大さを認めながらも、それは「再現」していくことや「教えて」いくことができないと主張しています。

THE DO'S

ここから、イノベーションの原則として「やるべきこと」があげられています。原則を明らかにし、イノベーションを誰にでも実践しやすい活動として再定義しています。

1. Purposeful, systematic innovation begins with the analysis of the opportunities. (P134)

目的を持った体系的なイノベーションは、機会の分析から始まる。

これまでも一貫して述べてきた、「7つの変化の種」を観察して分析することの大切さをあげています。

2. Innovation is both conceptual and perceptual. (P135)

イノベーションは概念的(conceptual)であり、感覚的(perceptual)でもある。

ドラッカーは「概念的(conceptual)」「感覚的(perceptual)」という言葉の対比をよく使います。「概念的(conceptual)」という言葉には、客観的・論理的に事実や構造を分析するという意味があります。一方、「感覚的(perceptual)」は、直感や感性を重視し、五感で感じる、といった意味です。それぞれ「左脳的」「右脳的」とも言い換えられます。イノベーターにはこれらの両方が必要です。

They look at figures, and they look at people. (P135)

[真のイノベーターは]数字を見て、同時に人間を見る。

まさに、「概念」と「感覚」の双方を重視する、ということです。数字や定量情報の分析（人口動態や業界の業績数値分析）に加え、生身の「人間」がどう考え、どのような認識を持っているかも観察せよ、と言っています。

3. **An innovation, to be effective, has to be simple and it has to be focused. It should do only one thing, otherwise, it confuses.** (P135)
イノベーションで成果をあげるには (to be effective)、シンプルで焦点を絞ったものにすること。一つのことだけに集中する。さもなければ、混乱してしまう。

これも、ドラッカーの重要なメッセージの一つです。イノベーションは、最初から複雑な仕掛けにしたり、複数のことに一度に着手したりするのではなく、シンプルで焦点を絞ることが重要だと言っています。

Indeed, the greatest praise an innovation can receive is for people to say: "This is obvious. Why didn't I think of it? (P135)
実際、イノベーションに対する最高の賛辞は、「こんなことは明らかだったはず。なぜ、自分が思いつかなかったのだろう？」と言ってもらえることだ。

飲食業にしても、理髪業でも、スポーツジムでも、家具業でも、どのような

Simple and Focused を原則とすべし

　現代企業、特に大企業は、とかくイノベーションを「複雑な大ごと」と捉えがちです。結果、機能を増やしすぎたり、複数の要素を一つのサービスに組み込みすぎたりして、複雑になりすぎます。複雑になることで、本当に研ぎ澄ましたい、届けたい「価値」が見えにくくなります。
　「集中するものは、拡大・発展する」と言われます。ドラッカーが「イノベーションの原則」で強調している simple and focused を、どの組織も原則として掲げるべきです。シンプルで焦点の合ったイノベーションは、求める人にその価値が強く響きます。そこから、大きな事業の可能性に「発展」していきます。

産業においても、成功しているイノベーションはどれもシンプルで、「ああ、なぜこのことに自分は気づかなかったのか」と思わされることがほとんどです。それこそ、イノベーションの真骨頂だとドラッカーは言っています。

4. Effective innovations start small. They are not grandiose. (P135)
成果をあげるイノベーションは、小さく始める。大げさな (grandiose) 形でスタートしない。

Innovation had better be capable of being started small, requiring at first little money, few people, and only a small and limited market. (P136)
イノベーションは、最初は小規模で、資金も人手もほとんどかけず、小さく限られた市場に向けてスタートすることが望ましい。

5. But—and this is final "do"—a successful innovation aims at leadership. (P136)
これが最後になるが、イノベーションで成功するには、市場で「リーダー的地位」を狙うことだ。

ドラッカーは、必ずしも規模的に大きくなることを重視していません。小規模でも、また対象市場の規模が小さくても、その「ニッチ」マーケットの中では、ナンバーワンの会社になることが重要だと言っています。

THE DONT'S

ここからは、反対に、イノベーションの原則として「やってはならない注意点」が書かれています。

1. **The first is simply not to try to be clever.** (P136)
賢く凝りすぎてはならない。

イノベーションの結果、生み出される製品やサービスは、大多数の一般の人が迷いなくスムーズに使えるよう、誰でもわかりやすいものでなければならない、ということです。

2. **Don't diversify, don't splinter, don't try to do too many things at once.** (P136)
多角化して (diversify) はならない。散漫に、バラバラに行って (splinter) はならない。そして、一度に多くのことを行おうとしてはならない。

3. **Finally, don't try to innovate for the future. Innovate for the present!** (P137)
最後に、未来のためではなく、現在のためにイノベーションをしなければならない。

イノベーションの機会を発見するために、「変化」、特に「既に起こった未来」と言えるような変化を観察し、分析することが重要だとドラッカーは述べてきました。しかし、実際にイノベーションを行う場合には、「遠い未来に役立つもの」ではなく、「（未来を見すえた上で）今日からインパクトを生み出すもの」を考案しなければいけません。これはもちろん、今すぐに事業上の大成功を生み出す、という意味ではありません。今日の私たちの生活や仕事に何らかの具体的なインパクトを生むものであるべきだということです。イノベーションの失敗談では、「時代よりも先に行きすぎて失敗した」というものが少なくありません。遠い未来ではなく、今日の何かを変えていく。イノベーションはそうあるべきだというドラッカーのメッセージです。

THREE CONDITIONS

イノベーションを成功させるために満たすべき「条件」が3つ、わかりやすく示されています。

- **..., there are three conditions. All three are obvious but often go disregarded.** (P138)
  イノベーションを成功させる3つの条件をあげておこう。これらはすべて明白で、言うまでもないものばかりだが、見すごされる (go disregarded) ことがよくある。

  1. *Innovation is work.* (p138)
  イノベーションは仕事である、ということ。

  ドラッカーは、イノベーションには知識や洞察力ももちろん必要だが、それは「名人芸」的なものではなく、あくまで地道に、地に足をつけて、集中して取り組むべき「仕事」であると強調しています。

  2. *To succeed, innovators must build on their strengths.* (P138)
  イノベーションで成功するためには、自身の強みに立脚しなければならない。

  ドラッカーの経営学の重要要素である「強みを活かす」が、ここであらためて強調されています。「自分たちの会社の強みは何か」を徹底的に考え、その強みを活かすことが不可欠です。

  3. And finally, *innovation is an effect in economy and society,* a change in the behavior of customers, of teachers, of farmers, of eye surgeons—of people in general. (P138)
  そして最後に、イノベーションは経済や社会に影響を与えなければならない。顧客、教師、農家、眼科外科医といった一般の人たちの行動に変化をもたらすものでなけ

ればならない。

イノベーションは単なる効率性や収益性向上の道具ではなく、また単に科学技術的な発明ということだけでもなく、一般の人たちの考え方に影響を及ぼし、また経済や社会にプラスの影響を与えるものでなければならない、ということです。

- **Innovation therefore always has to be close to the market, focused on the market, indeed market-driven.** (P139)

だからこそ、イノベーションは常にマーケットに近く、マーケットにフォーカスを当て、マーケット志向 (market-driven) で行われなければならない。

THE CONSERVATIVE INNOVATOR

最後に、ドラッカーはイノベーションとリスクの関係について、ユニークな論を展開しています。

- **conservative innovator** (P139)

直訳すれば「保守的なイノベーター」です。本当のイノベーターとは、むやみにリスクをとる人ではないということを、この言葉で伝えようとしています。

- **The successful ones I know all have, however, one thing—and only one thing—in common: they are *not* 'risk-takers.'** (P139)

一方、私が知る成功者に共通していたある唯一のことは、彼らが「リスクテイカー」ではなかったということです。

ある成功した起業家が発したコメントがここで紹介されています。成功した起業家は誰も、いわゆる「リスクテイカー」とは程遠い人たちであったと言

っています。

- **And defending yesterday—that is, not innovating—is far more risky than making tomorrow.** (P139)

そして、昨日を守る(defend)こと、すなわちイノベーションを行わないということは、明日を作るよりもずっとリスクを伴うということだ。

ここでも、リスクとは何か、について言及しています。これは特に有名なドラッカーの言葉です。昨日を守り、旧来のやり方を変えず、イノベーションを進めないことの方が、イノベーションを起こして未来を創り出すことよりもずっとリスクがあると言っています。

- **Successful innovators are conservative. They have to be. They are not "risk-focused"; they are "opportunity-focused."** (P140)

成功するイノベーターは、ある意味で保守的な(conservative)人かもしれない。むしろ、そうでなければならない。彼らは、「リスク志向(risk-focused)」ではなく、「機会志向(opportunity-focused)」である。

一般に、イノベーションを起こさない人が「保守的」と言われることが多いですが、ドラッカーはあえて逆説的に、「イノベーションを起こす人こそが、ある意味で保守的で、地に足のついた人なのだ」と言っています。本当に事業で成功するイノベーターは、一攫千金を追い求めてリスクにかける人ではなく、原則を理解し、「機会」を分析して、それを活かすことに集中できる堅実な人だ、というメッセージを伝えようとしています。

アイディア＋体系的な考え方＝イノベーション
～アイディアを「検算」する～

　ドラッカーは、経営におけるイノベーションの必要性を一貫して伝えてきた人でした。会社は、新しい需要や機会に向けて、新しい資源の活かし方を考えなければ、遅かれ早かれ行き詰まってしまうからです。

　しかし、この章でも述べられてきたとおり、「目の覚めるようなアイディア」が必ずしもイノベーションにつながるわけではありません。仮にヒットしたとしても、直感的な「アイディア」は事業として「再現」「拡大」することがなかなかできません。そうなると、その後の全社的なイノベーションにはつながらないのです。たまたまある製品がヒットしても、あとに続くものが少なく、成長しにくい会社が多いのはこのためです。

　私は、事業の現場で自分または他のメンバーから素晴らしい「アイディア」が出たら、ドラッカーから学んだことを活かし、このように自問しています。

・このアイディアは、起きているどのような「変化」を活かすものだろうか
・ドラッカーの言う「7つの変化の種」に当てはめると、何に合致するだろうか
・この機会をどのように活かせば、イノベーションになるだろうか
・ドラッカーの言うイノベーションの「原則」に当てはまる形で、事業化するにはどうするとよいだろうか

　これらを自問したり、仲間と議論したりすることで、単なるアイディアだったものから、イノベーションにつながる確かな根拠が見えてきます。そうすることで、メンバーともイノベーションの「イメージ」「方法」が共有できて、仕事としても進みやすくなります。

　「アイディア」に、ドラッカーが示してくれた「体系的な考え方」を少し加えてみる。答えをあとで「検算」してみるように。そうすることで、アイディアがイノベーションにつながる確率がきっと高まるはずです。

第 **2** 部
起業家的にマネジメントする
THE PRACTICE OF ENTREPRENEURSHIP

11 起業家的マネジメントと既存企業への導入

> 原著のここを読む！
>
> **II THE PRACTICE OF ENTREPRENEURSHIP (P141)**
> 　12. Entrepreneurial Management (P143-146)
> 　13. The Entrepreneurial Business (P147-176)

サマリーと読みどころ

　ここから、第2部「起業家的にマネジメントする(The Practice of Entrepreneurship)」に入ります。原著の第12章「Entrepreneurial Management」では、「既存の企業」「公共サービス機関」「ベンチャー事業」の3種類に組織を大別し、それぞれに必要な「起業家的なマネジメント」について概略が述べられています。起業家的なマネジメントとは、端的に言えば、「イノベーションを起こし、成功させ続けるための組織マネジメント」です。組織の種類を問わず、求められる起業家的なマネジメントには共通するものが多い一方、3種類の組織の性質に応じて個別に考えるべきこともあります。第12章は、この「起業家的なマネジメント」の導入章です。

　続く第13章の「The Entrepreneurial Business」では、これら3種類の組織タイプのうち、「既存企業」がいかに起業家的なマネジメントを実践するべきかについて書かれています。公共サービス機関でも、新しく立ち上がったばかりのベンチャー事業でもない、既存企業で、どのような原則を守ればイノベーションが起こりやすい「起業家的なマネジメント」が行えるのか。「基本的な考え方(policy)」「具体策(practice)」「評価の方法(measurement)」「組織構

造 (structure)」「人材 (staffing)」「やってはならないこと (dont's)」という構成で、体系的、具体的に書かれています。これまで同様、ポイントを列挙して書かれているので、読みやすいはずです。イノベーティブな組織を作りたいと願う経営者やリーダーにとっては、すぐに活用できるヒントばかりでしょう。

　ドラッカーも書いているとおり、一般的に起業家精神を扱った本は、起業家本人の発想や才覚、また業績について書かれているものが多いです。しかし、ドラッカーが観察したのは、「イノベーションが起こり続ける企業では、その中でどのようなマネジメントと仕事が、どのような考え方のもとで行われているか」です。この点をここまで体系的、具体的に書いている類書はないでしょう。

　ドラッカーは、イノベーションを一部の天才的なひらめきや大規模な技術開発によって起こるものではなく、「原理を知れば誰にでも実践できる『仕事』だ」と言います。これからのページには、その考えが具体的な事例とともに凝縮されています。皆さんとかかわりのある組織に当てはめながら、一つひとつ味わって読んでみてください。

🔍 読み解きたいポイント

- 「既存企業」「公共サービス機関」「ベンチャー事業」それぞれに「起業家的なマネジメント」を導入する目的として、最初に何が書かれていますか。皆さんが関係する組織を思い浮かべながら読んでみましょう。
- entrepreneurial management（起業家的なマネジメント）を行う上で守るべき基本的な考え方 (policy) について、どのようなことが書かれていますか。
- 同様に、起業家的なマネジメントを具体的に実践 (practice) する上で、重要なポイントとして何が書かれていますか。皆さんがかかわる組織でも特に必要だと思うことを考えてみてください。
- 起業家精神とイノベーションを実現するために、組織 (structure) 作りにおいてどのようなことに留意すべきだと書かれていますか。

- 既存企業の中で、起業家精神を発揮しイノベーションを起こす人材は、どのように発掘・育成していくべきでしょうか。
- 最後に、起業家的なマネジメントを行う上で、「やってはならない」タブーとして、ドラッカーは何をあげていますか。皆さんが関係する組織で当てはまることはありますか。

🔑 読み解くべきキーワードとキーセンテンス

12. Entrepreneurial Management

- **Entrepreneurship is based on the same principles, whether the entrepreneur is an existing large institution or an individual starting his or her new venture singlehanded.** (P143)
  起業家精神は、既存の大企業であれ、個人が独力で立ち上げた (singlehanded) ベンチャー事業であれ、共通の原則の上に成り立つ。

- **Yet the existing business faces different problems, limitations, and constraints from the solo entrepreneur, and it needs to learn different things.** (P143)
  しかし、既存企業では、単独の起業家とは異なる問題、限界、制約 (constraint) に直面する。従って、異なる方法を身につける必要がある。

- **For each of these three:**
  - **the existing business**
  - **the public-service institution**
  - **the new venture**

  a specific guide to the practice of entrepreneurship must be developed. (P143)

以下の３種類の組織：
- ・既存企業
- ・公共サービス機関
- ・新興ベンチャー

それぞれが起業家精神を実践できる、特別な手引きを開発しなければならない。

- **The gap between the performance of the average practitioner and that of the leaders in entrepreneurship and innovation is enormous in all three categories.** (P146)

これら３種類の組織いずれにおいても、起業家精神とイノベーションを実践しているリーダーと、他の一般的な事業者との間には、そのパフォーマンス面で大きな差が生まれている。

一般に「起業家」というと、設立されたばかりのベンチャーを思い浮かべます。しかしドラッカーは、既存の企業（大企業、中小企業）や公共サービス機関であっても、「起業家的」になれると言います。「起業家的なマネジメント」の原則を学べば、新しい価値を生み続ける、イノベーティブな組織になることができるということです。次章以降で、３種類の組織それぞれの特徴を考慮した「起業家的なマネジメント」の導入方法が解説されます。

13. The Entrepreneurial Business

- **entrepreneurial business** (P147)

「起業家的な企業」。ここでは、既存の企業が起業家的に経営（マネジメント）されることを意味しています。

- **And yet the all but universal belief that large businesses do not and cannot innovate is not even a half-truth; rather, it is a misunderstanding.** (P147)

しかし、大組織がイノベーションしない、あるいはできないというほぼ (all but) 通説化している話は、半分も正確ではないし、むしろ完全な誤解である。

ドラッカーは、大組織でもイノベーションしていくことは可能だと明言しています。

- **It is not size that is an impediment to entrepreneurship and innovation; it is the existing operation itself, and especially existing *successful* operation.** (P148)

起業家精神とイノベーションの妨げ (impediment) となるのは、規模そのものではない。既存の仕事のやり方、特に過去に成功した事業の進め方こそが、障害になる。

大企業の「規模」が大きいことが障害になるのではなく、慣れ親しんだこれまでの仕事の「やり方」をなかなか変えられないことがイノベーションの妨げになる、ということです。

- **The temptation in the existing business is always to feed yesterday and to starve tomorrow.** (P149)

既存の事業は常に、昨日という過去を養い、明日という未来を飢えさせる誘惑にかられている。

この feed yesterday and starve tomorrow というドラッカーの言葉も有名です。大組織は、これまでの成功パターンにこだわり、未来よりも過去のことに資源を費やしてしまいます。その考え方が、イノベーションの妨げになることを強烈な表現で言い当てています。

- **But entrepreneurship is not "natural"; it is not "creative." It is work.** (P150)
しかし、起業家精神とは、「自然」の産物でもなく、「クリエイティブ」なものでもない。それは仕事である。

起業家精神には、もちろん創造性も必要でしょう。なぜ、ドラッカーはあえてこういう極端な否定表現をしているのでしょうか。それは、起業家精神の発揮が「体系的に取り組むべき仕事」であることを、あらためて強調したいからです。

- **Specifically, entrepreneurial management requires *policies and practices* in four major areas.** (P150)
とりわけ、起業家的なマネジメントをする上では、大きく４つの視点からの考え方と実践が求められる。

既存の企業が起業家精神とイノベーションを実践する上で重要な考え方と実践方法を、大きく以下４点に集約して述べています。第12、13章全体の要約にも近い内容です。

1. **First, the organization must be made receptive to innovation and willing to perceive change as an opportunity rather than a threat.** (P150)
イノベーションを受け入れやすい (receptive)、変化を「脅威」ではなく「機会」と捉える組織にならなければならない。

2. **Second, systematic measurement or at least appraisal of a company's performance as entrepreneur and innovator is mandatory, as well as built-in learning to improve performance.** (P150)

起業家、イノベーターとしての会社のパフォーマンスを評価するための体系的な指標や、少なくとも評価 (appraisal) 基準が必須 (mandatory) となる。さらに、パフォーマンスを改善する上での学習機能を組織が備える (built-in) ことも必要となる。

3. **Third, entrepreneurial management requires specific practices pertaining to organizational structure, to staffing and managing, and to compensation, incentives, and rewards.** (P150)

組織構造、人事と管理、報酬、給与、そして評価に関する (pertain to) 個別の実施策 (practice) が、起業家的なマネジメントには求められる。

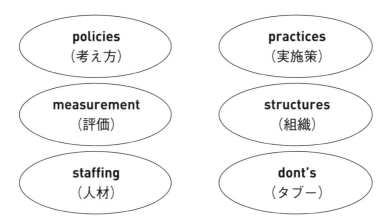

6つの点を意識してマネジメントすることで、既存の事業であっても、イノベーションを起こしやすい、起業家的な組織に生まれ変わらせることができます。

4. **Fourth, there are some "dont's": things *not to do* in entrepreneurial management.** (P150)

いくつか「してはならないこと (dont's)」、すなわち起業家的なマネジメントをする上でのタブーがある。

ENTREPRENURIAL POLICIES

- **..., innovation, rather than holding on to what already exists, must be made attractive and beneficial to managers.** (P151)

何より、既存の仕事に取り組むよりもイノベーションすることが、マネジャーにとって魅力的で利があるものでなければならない。

シンプルですが、重要なことです。多くの組織で「イノベーション」が叫ばれてもなかなか実践されないのは、「従来のものに対応していた方が結局は得である」と考えられているからです。マネジャーがイノベーションを魅力的で、自分たちにもメリットがあるものだと捉えることが、何より重要だと強調されています。

以下、既存事業が新しいことに貪欲になる (greedy for new things) ための4つの大切な考え方があげられています。

1. **There is only one way to make innovation attractive to managers: a systematic policy of abandoning whatever is outworn, obsolete, no longer productive, as well as the mistakes, failures, and misdirections of effort.** (P151)

マネジャーにとってイノベーションを魅力あるものにする方法はただ一つ。廃れて (outworn)、陳腐化した (obsolete) もの、もはや価値を生み出さないもの、努力が誤った方向に向けられて成果を生み出していないものをすべて「棄てる」ことについて、体系的な考え方を持つことだ。

この systematic policy of abandoning もドラッカーの代表的なメッセージの一つです。新しい発想を生むには、古くてもはや意味が薄れている仕事を「まず、棄てる」ことが不可欠です。思い切って古いものを捨てれば、人のエネルギーは新しいものの創造に向かいます（「陳腐化」については148、183、200、239 ページも参考にしてください）。

2. **The second step, the second policy needed to make an existing business "greedy for new things," is to face up to the fact that all existing products, services, markets, distributive channels, processes, technologies, have limited—and usually short— health and life expectancies.** (P152)

既存事業が新しいことに貪欲に (greedy) なるために守るべき2つ目の考え方は、既存のあらゆる製品、サービス、市場、流通網 (distributive channels)、業務プロセス、技術には寿命があり (limited health and life expectancies)、その命は通常長くないという事実に目を向けることだ。

abandonment（廃棄）こそがイノベーションへの第一歩

「abandonment（廃棄）」は、マネジメントとして常に頭に入れておくべき言葉です。組織は、油断するとどんどん仕事が増える特性を持っています。誰かが良かれと思って始めたことでも、時が経つにつれ、それが慣習になり、根本的な目的も問われなくなり、業務量が際限なくふくれあがります。

コップいっぱいに水が入っている状態で、何かを新しく行うことは不可能です。個人でも、組織でも、新しいことに真剣に取り組むには、「棄て」なければなりません。アップル創業者のスティーブ・ジョブズが、成果を生んでいない仕事や、アップルブランドとしてふさわしくないと判断した製品については、徹底的に abandon（廃棄）したエピソードは有名です。ジョブズ個人が、無駄をそぎ落とす「禅」の思想を学んでいたからだとも言われます。

個人であれ、組織であれ、新しい姿に生まれ変わるために、まず持っているものを abandon（廃棄）すること。思い切って棄てることができたならば、イノベーションの半分は完了していると言えるかもしれません。

今日では、「プロダクトライフサイクル」(導入―成長―成熟―衰退という製品の4つの段階を表したもの)は有名ですが、ドラッカーはずっと以前から、あらゆる商品やサービスには人間と同様に寿命があることを明らかにしていました。

3. **The Business X-Ray furnishes the information needed to define how much innovation a given business requires, in what areas, and within what time frame.** (P153)

「ビジネスレントゲン (Business X-Ray)」により、各々のビジネスがどれくらい、どの分野で、いつまでにイノベーションを必要としているかを明らかにする情報を備える (furnish) ことができる。

ここで出てくる Business X-Ray は、ドラッカーの造語です。各々のビジネスの前提となっている製品、流通、技術などを「診断 (diagnosis)」し、それぞれがもはや陳腐化しているのか、あるいは将来的にまだ価値を生み出す可能性が高いのかどうかを「判断 (judgment)」することを、ドラッカーは原著の中で「Business X-Ray」と呼んでいます。既存企業で日々、当たり前に行われていることが今後も価値があるのかどうかを見直す、ということです。

4. **Systematic abandonment; the Business X-Ray of the existing business, its products, its services, its markets, its technologies; and the definition of innovation gap and innovation need—these together enable a company to formulate an *entrepreneurial plan* with objectives for innovation and deadlines.** (P154)

体系的に廃棄をし、「ビジネスレントゲン」により既存事業、製品、サービス、市場、技術を診断し、またイノベーションの可能性を生むギャップやニーズを特定する――これらをまとめて行うことで、会社は目指す時間内でイノベーションを起こす

ための「起業家的な計画」を策定できる (formulate) ようになる。

- **To render an existing business entrepreneurial, management must take the lead in making obsolete its own products and services rather than waiting for a competitor to do so.** (P155)
既存事業を起業家的にする (render) ために、マネジメントは、競合企業より前に、自社の製品やサービスを自ら陳腐化 (obsolete) させるリーダーシップを発揮しなければならない。

自社の製品を自ら「陳腐化 (obsolete) させる」という表現がわかりにくいかもしれません。真にイノベーティブな会社は、他社から外圧を受ける前に「古いものから脱皮し、より良い、新しいものを自ら創る」ということです。古いものにとらわれず率先して新しいものを生み出すことを、「自ら過去の製品を陳腐化させる」という言葉で表現しています。

- **The business must be managed so as to perceive in the new an opportunity rather than a threat.** (P155)
事業は、新しい変化を脅威ではなく機会と捉える (perceive) ようマネジメントされなくてはならない。

イノベーションをする上で重要になる「考え方 (policy)」の総括として書かれています。ドラッカーの伝えたいことが凝縮された言葉です。

ENTREPRENEURIAL PRACTICES

- **Entrepreneurship in the existing business also requires managerial practices.** (P155)
既存の企業において起業家精神を発揮するには、いくつかの具体的なマネジメント方策 (managerial practice) が必要となる。

1. First, among these, and the simplest, is focusing managerial vision on opportunity. (P155)

まず重要なのは、最もシンプルなことではあるが、マネジメントのビジョンの焦点を「機会」に合わせることである。

focus on opportunity（機会に焦点を合わせる）もドラッカーがよく使う表現です。起業家的な仕事をする上では、問題に意識を奪われるよりも、「機会（チャンス）」に徹底して意識の焦点を合わせること、特にマネジメント層が率先してそのような姿勢を見せることが不可欠だと言っています。原著では、さまざまな具体例が紹介されています。

2. This company follows a second practice to generate an entrepreneurial spirit throughout its entire management group. (P157)

この会社［原著の中で例としてあげられている、中小規模のあるヘルスケア企業］

日産自動車のイノベーションに貢献した「CFT」

　　　日産自動車がかつて経営危機に陥ったときに、着任したカルロス・ゴーン社長が「Cross Functional Team（CFT）」という新しいミーティング形態を組織に導入しました。各部署から年齢や職種を問わず有能なメンバーを一堂に集め、経営陣と徹底的に議論する場です。

　　　日産の革新（まさにイノベーション）は、このCFTを中心に進むことになりますが、その十数年前に書かれた原著の中で、ドラッカーは、sessionという言葉を使って、CFTのようなミーティングの場（経営層と、組織横断的に幅広い部署から集まったメンバーが議論する場）を持つことが、イノベーションを起こす鍵だと述べています。

　　　ドラッカーは、古今東西さまざまなイノベーション事例を観察し、既存の、特に大企業がイノベーションするための原則をまとめました。昨今の成功事例の中にも、ドラッカーの示した原則が役立てられたものがたくさんあります。イノベーションを起こす役割を担うリーダーはこれらの原則を学び、ぜひ現場で活用してください。

は、そのマネジメントグループ全体で起業家的な精神を生むために、2つ目の方策を実践している。

年数回にわたり、マネジメントグループが一堂に会して徹底的に話し合うというこの会社の事例を出し、トップマネジメント全体で起業家精神を共有する場を持つことの大切さを述べています。

3. **A third practice, and one that is particularly important in the large company, is a session—informal but scheduled and well prepared—in which a member of the top management group sits down with the junior people from research, engineering, manufacturing, marketing, accounting and so on.** (P157)

3つ目の方策として、特に大企業で重要なのは、セッション（計画と準備はするものの、雰囲気はくだけた場）を持つことだ。そこでは、トップマネジメントグループからの代表者と、研究、開発、製造、マーケティング、会計など多様な職場から集まった若手メンバーが膝を突き合わせて話し合う。

イノベーティブな「場」の条件
~informal but scheduled and well prepared~

ドラッカーが使っている informal but scheduled and prepared という言葉は、イノベーションを促進する「場」を作る上で重要なヒントになります。場は、カジュアルでくだけた雰囲気で、何でも言いやすいことが条件です。しかしそのためにも、参加者や時間を綿密に「計画」し、「準備」をすることが大切です。

「いつ、何を目的に、どのような人たちが集まり、どのように話し合うことが有効だろうか」を徹底的に考え、場の計画と準備をします。そして、当日の場においては、役職を超えて率直な話し合いができる、リラックスして安心できる雰囲気作りに徹します。当然、経営層や若手の参加者にも、そのような場の「意図」「狙い」を事前に共有しておくことも大切でしょう。

- **The most valuable achievement may well be entrepreneurial vision, receptivity to innovation, and "greed for new things" throughout the entire organization.** (P158)

最も価値ある成果 (achievement) とは、組織全体が、起業家的なビジョンを共有し、イノベーションを受け入れやすい体質になり、「新しいものに貪欲に」なることだろう。

起業家的なマネジメントを実現するための方策 (practice) を実行することで得られるメリットがさまざまある中で、最も価値ある成果とは、組織全体の考え方や風土が変化していくことだと言っています。

MEASURING INNOVATIVE PERFORMANCE

- **For a business to be receptive to entrepreneurship, innovative performance must be included among the measures by which that business controls itself.** (P158)

起業家精神を受け入れやすい会社を作るには、イノベーティブな仕事が、その会社の事業をコントロールする評価基準 (measure) の中に含まれていなければならない。

---

feedback analysis は成果をあげる鍵

　　ドラッカーは、「feedback analysis（フィードバックによる分析）」という言葉を頻繁に使います。「得られた結果」と「期待していた成果」を比較し、その差異から重要な気づきを得ることです。結果から、もともとの意図に「フィードバックを返す」というイメージです。

　　多くの組織で（もちろん個人でも）、この「フィードバック」がうまく行われていません。多忙な中で、業務の「遂行」にばかり意識と時間が取られているからでしょう。そもそも何を得たくて、その仕事をしたのか。何がうまくいき、何はうまくいかなかったのか。その理由は何か。これらを常に問うことで、次に成果につながる確率が上がるだけでなく、組織内での意識の共有、またメンバーのモチベーション向上にもプラスの効果があります。

1. **The first step builds into each innovative project feedback from results to expectations.** (P159)
   最初のステップは、イノベーションに関するプロジェクトの結果と当初の期待を比べ検証する「フィードバック」を行うことである。

2. **The next step is to develop a systematic review of innovative efforts all together.** (P160)
   次に、イノベーションにかかわるあらゆる努力を、体系的に振り返る仕組み (systematic review) を作ることだ。

3. **Finally, entrepreneurial management entails judging the company's total innovative performance against the company's innovative objectives, against its performance and standing in the market, and against its performance as a business all together.** (P160)
   最後に、起業家的なマネジメントに必要なのは (entail)、会社のイノベーション目標、業績 (performance)、市場での立ち位置、またビジネスとしての成果などと照らして、会社のイノベーション活動全体を検証し、必要な判断を下すことである。

組織で行われているさまざまなイノベーションに関する活動を定期的に振り返り、棚卸しし、「続けるべきこと」「さらにサポートするべきこと」「やめるべきこと」などの意思決定をすることを勧めています。どのような振り返りの「仕組み」や意思決定が有効か、原著ではそれぞれ詳しく書かれています。

STRUCTURES

- **For the existing business to be capable of innovation, it has to create a structure that allows people to be entrepreneurial.** (P161)

既存の企業がイノベーションの能力を高めるためには、社員が起業家的になることができる組織構造を創らなければならない。

1. This means, first, that the entrepreneurial, the new, has to be organized separately from the old and existing. (P161)

第一に、起業家的な活動、新しい取り組みは、旧来の既存業務とは切り離して運営しなければならない。

The new always looks so puny—so unpromising—next to the reality of the massive, ongoing business. (P162)

規模が大きな既存事業と比べてしまうと、新しいことは常に取るに足りないもの (puny)、先行き不透明 (unpromising) に見える。

実際に企業の現場を観察しても、従来業務と新事業を同時並行で（兼務で）進めるとなかなか成功しません。新事業に取り組むのであれば、全エネルギーをそちらに集中して投下すべきでしょう。

Column 　**既存企業のイノベーションには「スポンサー」が不可欠**

　　ドラッカーが再三指摘している通り、既存の企業では往々にして旧来の業務が重視され、イノベーションにつながる活動は軽視されがちです。従って、社員がイノベーションにかかわることをポジティブに捉えられるようなマネジメントからのメッセージ発信と具体的な協力が不可欠です。

　　中でも特に、経営層がイノベーションを奨励し、その活動を守る「スポンサーシップ」は大切です。社員が「はしごを外された」と感じてしまうような組織では、イノベーションに挑む社員は出てきません（残念ながら、そのような組織が至るところにあるのも事実ですが）。

　　IT企業の雄であるグーグルのある副社長も、「破壊的イノベーションはトップダウンからは生まれない。現場から生まれる種を育て、守ってあげることが何より大切なマネジメントの役割だ」と言っています。

2. **This means also that there has to be a special locus for the new venture within the organization, and it has to be pretty high up.** (P162)

組織の中、しかもかなり高い経営ポジションの中に、新しいベンチャー事業のための特別な拠り所 (locus) があるべきだ。

とかく従来の仕事や既存組織が優先される中、ベンチャー事業を認め、奨励する人や拠点が経営層の中に必要だということです。

3. **There is another reason why a new, innovative effort is best set up separately: to keep away from it the burdens it cannot yet carry.** (P164)

新しい活動を別にした方がよいもう一つの理由は、新事業が担うにはまだ荷が重い「負荷 (burden)」から遠ざけられることだ。

既存事業の中にあるさまざまなルールや基準は、生まればかりのビジネスが担うには荷が重いことが多いです。そういった重荷から少しでも遠ざけてあげることも、イノベーション活動を既存の活動から切り離して進めることの意義だと言っています。

4. **As implied in discussing individual compensation, the returns on innovation will be quite different from those of the existing business and will have to be measured differently.** (P166)

個々人の報酬 (compensation) についての話でも述べたように、イノベーションから得られるリターンは、既存の仕事のそれとは全く別のものであるので、違う形で評価され (be measured) なければならない。

5. **The final structural requirement for entrepreneurship in the existing business is that a person or a component group should be held clearly accountable.** (P167)

既存の企業が起業家精神を発揮するために必要な条件の最後は、責任を担う (be held accountable) 人材またはグループを明確にすることである。

- **Companies that have built entrepreneurial management into their structure—Procter & Gamble, Johnson & Johnson, Marks and Spencer—continue to be innovators and entrepreneurial leaders decade after decade, irrespective of* changes in chief executives or economic conditions.** (P170)

起業家的なマネジメントを組織に埋め込んだ会社（プロクター・アンド・ギャンブル、ジョンソン・エンド・ジョンソン、マークス・アンド・スペンサーのように）は、経営者や経済環境が変わっても何十年間にもわたってイノベーターであり、また起業家的なリーダーであり続ける。

* irrespective of ... …に関係なく

STAFFING

- **How should the existing business staff for entrepreneurship and innovation? Are there such people as "entrepreneurs"? Are they a special breed?** (P170)

既存の企業は、いかにして起業家精神とイノベーションを担う人材を揃えるべきか。そのような人材はいわゆる「起業家」でなければならないのか。特別な「血統 (breed) を有する者」でなければならないのだろうか。

- **The best proof that entrepreneur is a question of behavior, policies, and practices rather than personality is the growing number of older large-company people in the United States who make entrepreneurship their second career.** (P171)

起業家とは、人格 (personality) によるものではなく、行動、考え方、そして具体的な実践によるものだ。その証しに、米国においては、大企業の出身者が第二のキャリアとして起業を選ぶ数が増えている。

一般的に「起業家精神」と縁遠いとされる大企業で人生の大半を過ごした人たちが第二のキャリアとして起業を選ぶという事実が、起業家精神は天賦の才ではなく、行動や考え方、そして何より実践によって培われるものだということを証明している、とドラッカーは述べています。

- **What is needed is willingness to learn, willingness to work hard and persistently, willingness to exercise self-discipline, willingness to adapt and to apply the right policies and practices.** (P173)

必要なのは、学ぼうとする姿勢、粘り強く (persistently) 真剣に取り組もうとする姿勢、自分を律する (exercise self-discipline) 姿勢、正しい考え方や方策に順応し (adapt)、それらを適用しようとする姿勢である。

THE DONT'S

- **There are some things the entrepreneurial management of an existing business should not do.** (P174)

既存企業が起業家的なマネジメントを行う上で、やってはならないことがいくつかある。

1. **The most important caveat is not to mix managerial units and entrepreneurial ones.** (P174)

最も重要な警告 (caveat) として、管理的なユニットと、起業家的なユニットを混

在させないことだ。

2. **Innovative efforts that take the existing business out of its own field are rarely successful.** (P175)
自社の得意領域から外れたイノベーションのための努力は、成功する確率が極めて低い。

3. **Finally, it is almost always futile to avoid making one's own business entrepreneurial by "buying in," that is, by acquiring small entrepreneurial ventures.** (P175)
最後に、「買収」、つまり小規模なベンチャー事業を買収することでよしとし、自分たち自身が起業家的に生まれ変わるのを避けようとしても、それもほぼ無駄に終わる (futile)。

買収する側が自ら変化することなく、ベンチャー事業を買収することで「起業家的」になろうとしても、考え方が大きく異なる親会社と子会社の関係がうまくいかず、失敗することが多いです。自ら変わることなく、買収によって安易に起業家的なマネジメントを手に入れようとしてもうまくいかないとドラッカーは言っています。原著に詳しく書かれていますが、買収された子会社に親会社から経営陣が送り込まれると、両者の考え方の「溝」が明らかになります。これも、M&A後の現場においては頻繁に発生している現実です。多くの企業経営者にとっては耳の痛い話でしょう。

- **A business that wants to be able to innovate, wants to have a chance to succeed and prosper in a time of rapid change, has to build entrepreneurial management into its own system.** (P175)
激しい変化の中でも成功し発展する (succeed and prosper) イノベーティブな会社でありたいと望むのであれば、起業家的なマネジメントを自社の仕組みの中に埋め込む必要がある。

12 公共サービス機関における起業家精神

> 原著のここを読む！
>
> II THE PRACTICE OF ENTREPRENEURSHIP
> 14. Entrepreneurship in the Service Institution (P177-187)

📚 サマリーと読みどころ

　「既存の企業」「公共サービス機関」「ベンチャー事業」の3種類の組織のうち、先の第13章には「既存の企業」の起業家精神とイノベーション実践についてが書かれていました。第14章は、2つ目の「公共サービス機関」についてです。特に先進国や、急速に経済発展する新興国では、政府、医療機関、教育機関といった公共サービス機関がますます大規模かつ複雑になっています。また、一般企業でもその中にある「スタッフ部門」は公共サービス機関と同様に大きく、複雑になっています。

　この章の導入部でドラッカーは、これら「公共サービス機関」（企業のスタッフ部門も含め）は、その特性から、とりわけ「起業家精神」と「イノベーション」の実践が難しいことを、根拠をあげながら明快に解説しています。例えば、成果そのものではなく予算をベースに運営されていることがイノベーションの妨げになることや、「良いことを行う」という究極の目的が逆にイノベーションを阻害する、という指摘はとてもわかりやすいでしょう。

　続いて、そのような公共サービス機関の特性をよく理解した上で、どのような考え方をすればイノベーションできるのか、重要なポイントをいくつかあげています。特に、公共サービス機関がイノベーションし、成果をあげていくた

めには、目的や目標を曖昧な表現ではなく、経済的に定量化できる定義に変えていくことが有効だとドラッカーは言います。

　最後にあらためて「そもそもなぜ、公共サービス機関がイノベーションをする必要があるか」について、論が展開されています。ここもドラッカーらしく、単なる情緒論ではなく、経済的、社会的観点で明快に語られているのでとても興味深いです。「民営化」については賛否両論ありますが、それも含めて、ドラッカーと知的議論をするつもりで読んでみてください。

● 読み解きたいポイント

- ➤ 公共サービス機関のイノベーションを阻害する要因として、どのようなことがあげられていますか。
- ➤ 公共サービス機関がイノベーションに成功している事例として、どのようなものがあげられていますか。それぞれ、どのような「変化」を「イノベーションの機会」として活用し、どのような有効な策を打ったのでしょうか。
- ➤ 公共サービス機関がイノベーションするために、どのような考え方（policies）をすべきだと書かれていますか。身近な公共サービス機関の例をイメージしながら読み解きましょう。
- ➤ 公共サービス機関においてなぜイノベーションが必要なのかを、ドラッカーは「経済」「社会」の観点から述べています。どのようなことを言っているでしょうか。

🔍 読み解くべきキーワードとキーセンテンス

- **Public-service institutions such as government agencies, labor unions, churches, universities, and schools, hospitals, community and charitable organizations, professional and trade associations and the like, need to be entrepreneurial and innovative fully as much as any business does.** (P177)

  政府機関、労働組合、教会、大学、学校、病院、地域社会組織や慈善団体、専門職や商業関連の機関など、公共サービス機関はいずれも、一般の企業と全く同様に、起業家的でイノベーティブでなければならない。

- **Yet public-service institutions find it far more difficult to innovate than even the most "bureaucratic" company.** (P177)

  しかし、公共サービス機関は、最も「官僚的 (bureaucratic)」な企業と比較しても、はるかにイノベーションが難しい。

- **The forces that impede entrepreneurship and innovation in a public-service institution are inherent in it, integral to it, inseparable from it. The best proof of this are the internal staff services in businesses, which are, in effect, the "public-service institutions" within business corporations.** (P178)

  公共サービス機関の起業家精神とイノベーションを妨げる (impede) 力は、その組織の内部にあり (inherent in it)、組み込まれていて (integral to it)、切っても切り離せない (inseparable from it)。その良い例は、企業内部のスタッフ向けサービス部門だが、これは実質的に企業内「公共サービス機関」である。

- **They are good at building empires—and they always want to do more of the same. They resist abandoning anything they are doing. But they rarely innovate once they have been established.** (P178)

  そうした組織は「帝国」を築くのに長けていて、いつも同じことを繰り返したがる。現在行っていることの放棄には激しく抵抗する (resist)。一度組織ができ上がると、イノベーションはほとんど起こらない。

- **There are three main reasons why the existing enterprise presents so much more of an obstacle to innovation in the public-service institution than it does in the typical business enterprise.** (P179)

  なぜ、既存の公共サービス機関がイノベーションを起こすことは、通常の企業よりも難しいのか。主に3つの理由がある。

1. **First, the public-service institution is based on a "budget" rather than being paid out of its results.** (P179)

   第一に、公共サービス機関は成果 (results) への報酬ではなく、「予算 (budget)」に基づいて運営されている。

   results とは、単なる「結果」ではありません。これも、ドラッカーが頻繁に使う単語で、「成果」という意味で使われています。ここで言う成果とは、もちろん業績面での成果もありますが、新しい事業価値の創造や人財の育成なども広く含まれます。

2. **Second, a service institution is dependent on a multitude of constituents.** (P179)

   第二に、公共サービス機関は多数の (a multitude of) 関係者、構成メンバー (constituent) から成り立っている。

原著では、この文のあとに、ここで意味していることの解説が続きます。一般の企業であれば、市場や顧客の「セグメント」を特定し、その顧客に満足を届け、対価を受け取る、という明快な仕組みがあります。その活動にかかわる人もおのずと絞られます。しかし、公共サービス機関の場合は、原則的に「顧客ターゲットを絞る」ということが前提になく、何に対して「対価」を受け取るかも曖昧になりがちです。これは、企業内のスタッフ部門も同様だとドラッカーは言います。このように、かかわる人が絞られるのではなく、広範囲に広がっていく特性を、的を絞ったイノベーションが起こしにくい要因の一つとしてあげています。

3. **The most important reason, however, is that public-service institutions exist after all to "do good."** (P179)
第三の最も重要な理由は、結局のところ「良いことをする」が公共サービス機関の存在意義であることにある。

ドラッカーはここで、「良いことをする」という公共サービス機関の絶対的な存在意義こそが、起業家精神やイノベーションの実現を妨げているという興味深い論を展開しています。

This means that they tend to see their mission as a moral absolute rather than as economic and subject to a cost/benefit calculus. (P179)
というのは、公共サービス機関は、そのミッションを、経済的な費用対効果 (cost/benefit calculus) よりも、倫理的な絶対善 (moral absolute) として見るからだ。

If one is "doing good," then there is no "better." (P179)
人は「良いことをしている」と、「より良くする」ことに意識が向かない。

Indeed, failure to attain objectives in a quest for a "good" only means that efforts need to be redoubled. (P180)

実際は、「良いこと」を追求するにも目標を明確に置かなければ、必要な努力がふくれ上がってしまう (be redoubled) だけだ。

● **Still there are enough exceptions among public-service institutions (although, I have to admit, not many among government agencies) to show that public-service institutions, even old and big ones, can innovate.** (P181)

しかし、古く、また大きな公共サービス機関においても、イノベーションが可能であることを示す例外も十分にある（政府組織においては稀だと言わざるをえないが）。

原著ではここから、病院、教会、ガールスカウトなどの公共サービス機関が変化を脅威ではなく機会として捉え、イノベーションした興味深い事例が詳しく書かれています。

「do good（良いことをする）」がイノベーションを阻害するジレンマ

　公共サービス機関がイノベーションしにくい理由の一つとして、「良いことを行っている」という意識が強すぎることがある、というドラッカーの指摘はある意味で強烈ですが、的を射ていると思います。確かに、教育機関、教会、医療機関、NPOなどは素晴らしい社会貢献をしています。企業のスタッフ部門も、利益を稼ぐ以外の活動、つまり社員にとってメリットのある活動をしていくことが目的です。しかし、そのdo goodの意識が強くなりすぎると、「イノベーションしていこう」という意識が薄くなってしまうジレンマはよく見受けられます。
　ドラッカーはこのように「言いにくい」ことをズバリと言い当ててきます。合理的で切れ味鋭いコメントの背景には、同時に「その機関で働く人たちが、本当に成果をあげて充実した仕事をしてほしい」という思いも隠されています。合理性と人間性の双方を内包した問題提起が、ドラッカーの特徴であり、魅力でもあります。

- **They therefore set out to make work as a volunteer for the Girl Scouts attractive to the working mother as a good way to have time and fun with her child while also contributing to her child's development.** (P182)

  彼女たちは、仕事を持つ母親にとって、ガールスカウトのボランティア活動を魅力的なものにすることに着手した。子供と過ごす楽しい時間を持ち、また子供の成長に貢献できる活動にしたのだ。

ドラッカーは、ガールスカウト組織へのアドバイスを行っていたことでも知られています。ここで紹介されているのは、働く女性が増えて、専業主婦が主な担い手だったガールスカウトのボランティアが減少する中、その役割を新しく魅力あるものに変えたイノベーションの例です。まさに「人口動態（就労形態）」「認識」の変化を活用し、新しい価値を創造することに成功した例だと言えます。

ENTREPRENEURIAL POLICIES

ここから、公共サービス機関が起業家精神を発揮するための「考え方 (policies)」が述べられています。これまで同様、ドラッカーは、明確に重要なポイントを列挙しています。

1. First, the public-service institution needs a clear definition of its mission. What is it trying to do? Why does it exist? (P183)

  第一に、公共サービス機関は、そのミッションを明確に定義 (clear definition) する必要がある。何をしようとしているのか、なぜこの組織は存在するのか、という定義である。

「事業ミッションを明確に定義せよ」という指摘は、企業にとっても公共サービス機関にとっても、ドラッカーからの重要なメッセージです。ガールス

カウトの例からもわかるように、公共サービス機関は、自らの事業目的を「再定義」していかなければ、激しく変化する社会の中で成果をあげられません。ドラッカーは行っている「活動」ではなく、「本来の目的」の方に目を向けよ、と言っています。

2. The public-service institution needs a realistic statement of goals. It should say, "Our job is to assuage famine," rather than, "Our job is to eliminate hunger." (P183)

公共サービス機関は、現実的なゴール設定をしなければならない。「世界から飢えを撲滅する (eliminate)」ではなく、「飢饉を軽減する (assuage)」をゴールとしなければならない。

公共サービス機関は、究極の理想をそのまま事業ゴールとしがちですが、達成可能で現実的なゴールを設定しなければ、その実現に向けてイノベーションをすることはできません。上記の例で言えば、「撲滅する (eliminate)」ではなく「軽減する (assuage)」をミッションとすることで、現実的なイノベーションの具体策を思いつくはずだということです。

3. Failure to achieve objectives should be considered an indication that the objective is wrong, or at least defined wrongly. The assumption has then to be that the objective should be economic rather than moral. (P183)

目的をなかなか達成できないのであれば、目的自体が間違っているか、あるいは少なくとも誤って定義されている (defined wrongly) と考えるべきだ。そして、目的は倫理的であるよりも経済的でなければならないと考えるべきだ。

これもドラッカーらしい助言です。公共サービス機関の良き目的は十分に理解しながらも、その機関がイノベーションを実践し、成果をあげるためには、定量的に測れる経済的な成果や目標も設定するべきだ、と言っています。

4. **Finally, public-service institutions need to build into their policies and practices the constant search for innovative opportunity. They need to view change as an opportunity rather than a threat.**
(P183)

最後に、公共サービス機関はその方針と業務遂行に、イノベーションの機会を絶えず探し続けること (constant search) を組み込まなければならない。変化を脅威ではなく、チャンスと捉えなければならない。

このあと、原著では、再び医療機関、教会、地方自治体のイノベーション成功事例が示されています。公共サービス機関であっても、変化を脅威ではなくチャンスと捉え、それを活かす方法を「自問」すれば、必ずイノベーティブな成果を生み出せるということです。「変化を脅威ではなく、チャンスと捉える」ことは、83～86、148ページにも登場しました。

Column 良き目的は「達成」されるためにある

「良い目的」はなぜ存在するのでしょうか。それは、言うまでもなく、目的が少しでも達成され、現実に状況が「良くなる」ことが必要だからです。しかし、公共サービス機関は往々にして、その目的を曖昧、抽象的に設定してしまいがち。それが結果的に、最も実現したい「成果」を遠ざけているとドラッカーは言っています。

「良い目的を達成する」ために、あえて具体的・定量的な言葉に置き換えて、成果を実現しやすくする——。この原則をぜひ多くの公共サービス機関やスタッフ部門で試してみてほしいと思います。利用者の数やその推移を測定する、サービスに対する満足度とその変化を測定する、などが一例です。目標と成果を「見える化」することで、利用者のニーズや満足度がわかるようになり、公共サービス機関で働く人のモチベーションもきっと向上するはずです。

- **The four rules outlined above constitute the *specific* policies and practices the public-service institution requires if it is to make itself entrepreneurial and capable of innovation.** (P185)

前述の４つの原則は、公共サービス機関が起業家精神とイノベーションの能力を身につける上で必要な特有の考え方と実践方法である。

THE NEED TO INNOVATE

ここから、そもそも公共サービス機関がなぜイノベーションしなければならないか、その理由が明快に語られています。

- **Why is innovation in the public-service institution so important?** (P185)

なぜ、公共サービス機関のイノベーションはそれほど重要なのだろうか。

- **The answer is that public-service institutions have become too important in developed countries, and too big.** (P185)

その理由は、公共サービス機関が先進国(developed countries)において、あまりに重要かつ大きな存在となったからである。

先進国の経済発展に伴い、かつてはさほど大きくなかった公共サービス機関という存在がますます大きくなっているとドラッカーは言います。確かに、政府はもとより、教育機関、図書館、医療機関、学校、NPOなどの公共サービス機関は経済発展のスピードが速まれば速まるほど、あっという間に社会で大きな存在となります。

- To some extent, this growth has been excessive. Wherever public-service activities can be converted into profit-making enterprises, they should be so converted. (P185)

ある意味、この成長は行きすぎとも言える。営利 (profit-making) 事業に転換できる (be converted) 公共サービスがあれば、転換すべきである。

- A central economic problem of developed societies during the next twenty or thirty years is surely going to be capital formation; (P185)

先進国社会の今後 20、30 年にわたる中心的な経済課題は、資本形成 (capital formation) になるであろうことは間違いない。

- We therefore can ill afford to have activities conducted as "non-profit," that is, as activities that devour capital rather than form it, if they can be organized as activities that form capital, as activities that make a profit. (P185)

従って、もし資本を形成し、利益を生み出す活動として組織化できるのだとすれば、資本を形成するよりも浪費する (devour)「非営利 (non-profit)」活動をする余裕など

「民営化」の名づけ親はドラッカー

今ではすっかり一般化した「民営化 (privatization)」という言葉は、ドラッカーの造語だと言われています。1969 年に出版された『断絶の時代 (The Age of Discontinuity)』でドラッカーが privatization という言葉を用い、それを引用する形で当時の英国首相マーガレット・サッチャーが民営化政策を導入した経緯はよく知られています。

「民営化」というと、昨今は「経済合理主義」の悪玉の代表格のような言われ方もします。しかし、そもそもドラッカーが主張した privatization は、良きミッションを持った公共サービスが、より確実に成果をあげ、社会に貢献できるようにすることを目的に提唱された言葉であることは、この章の内容からもよく理解できると思います。

ない (can ill afford) はずだ。

ドラッカーは、当然、すべての公的サービスを営利化せよと言っているわけでも、またそれを扇動しているわけでもありません。公共サービスがより成果をあげていくために、民営化する方策が有効であるとすれば、それを選択しない手はない、と言っているのです。

- **But still the great bulk of the activities that are being discharged in and by public-service institutions will remain public-service activities, and will neither disappear nor be transformed.** (P185)
  しかしそれでも、公共サービス機関で遂行されている (be discharged) 活動の多くが、今後もそこで行われるだろうし、それらがなくなることも、大きく変えられることもないだろう。

- **Public-service institutions will have to learn to be innovators, to manage themselves entrepreneurially.** (P185)
  公共サービス機関は、イノベーターになる方法、起業家的に経営する方法を学ばなければならない。

- **To achieve this, public-service institutions will have to learn to look upon social, technological, economic, and demographic shifts as opportunities in a period of rapid change in all these areas.** (P186)
  それを実現するためには、公共サービス機関は、社会、技術、経済、そして人口動態の転換 (shifts) を、急激に変化する時代における機会と見る (look upon ... as 〜) ことを学ばなければならない。

- **The need for social innovation may be even greater, but it will very largely have to be social innovation within the existing public-service institution.** (P187)

社会的なイノベーションのニーズはますます高まるだろうが、それは多くの場合、今ある (existing) 公共サービス機関の中から起こる社会的イノベーションでなければならない。

19世紀後半から20世紀末までは、公共サービス機関を新たに立ち上げることが大きな流れでした。しかし、現代社会のイノベーション課題は、新しい公的組織を作ることではなく、「既存の」公的組織の中からイノベーションを起こすことだ、と言っています。

ドラッカー基礎知識⑤
マネジメントの原則はあらゆる場で適用できる

　ドラッカーが生き、働いた場所は多様でしたが、その顧客もまた多様でした。ドラッカーは、一般企業はもちろんのこと、政府機関、NPO、学校、病院、教会、そしてスポーツチームに対してまで、「マネジメント」に関連する分野であれば幅広く相談に乗り、助言してきました。

　ベンチャー企業でも、中小企業でも、大企業でも、非営利組織であっても、「結果」につながる要因は、すべて「マネジメント」の考え方に影響されます。例えば、組織のリーダーの持つ倫理観、価値観、ビジョン、戦略が、社員のモチベーションや成長、そのサービスを受け取る顧客の満足にも当然、影響を与えます。リーダー自身が組織をどう定義し、どの点で秀で、どう貢献するかという意思が、その組織の戦略的なポジションを決め、収益の源泉となるのは、どのような組織でも同じです。

　その「マネジメント」を広く包括的に捉えて方法論に落とし込んだドラッカーの理論は、仕事だけでなく、学生のクラブ活動での成果、家族の幸福など、プライベート面で充実感を得る上でも十分に活かすことができます。社員であれ、同僚であれ、家族であれ、仲間であれ、関係者の力を活かし、共通の目的に向かって価値ある成果につなげることが、マネジメントの共通原則だからです。マネジメントの原則を学べば、その知識はあらゆる状況で活用できます。実際にさまざまな場面で活用してみたら、その適用範囲の広さを実感できることでしょう。

13 ベンチャー事業の マネジメント

原著のここを読む！

II THE PRACTICE OF ENTREPRENEURSHIP
15. The New Venture (P188-206)

📚 サマリーと読みどころ

　「既存の企業」「公共サービス機関」「ベンチャー事業」の3種類の組織のうちの3つ目、「ベンチャー事業」がどのように経営されるべきかについて書かれています。企業や公共サービス機関など、既にある組織にとっては、entrepreneurial management（起業家的なマネジメント）の前半、すなわち「いかに起業家精神を発揮するか」が重要テーマです。一方、ベンチャー事業においては、後半の「いかにマネジメントをするか」が重要だとドラッカーは言います。

　ベンチャー事業のマネジメントの重要テーマとして、次の4つが示されています。「The need for market focus（マーケット志向）」「Financial foresight（財務的見通し）」「Building a top management team（トップマネジメントチームの構築）」そして「Where can I contribute?（創業者の貢献の仕方）」で、これらがベンチャーの成長ステージに応じて解説されています。例えば、立ち上げたばかりのベンチャー事業は、立ち上げ初期は特に自分たちの「発明」にこだわりすぎ、「ユーザーがそれをどう使うか、何に興味を持つか」というイノベーションのヒントを素直に受け入れず、マーケット志向を忘れて崩壊することがある、という具合です。

これら4つのテーマの最後は、創業者が事業経営を「引き継ぐ」際に、どのようなことを考えて自らの立ち位置を決めるのか、という話です。ベンチャー事業の経営について、その成長期から後継者への引き継ぎ時まで長期的視野で語っている書籍は、他にはないでしょう。昨今の事業承継の難しさを示すニュースや事例を思い浮かべながら読めば、ドラッカーがこの第15章で示していることの重要さがあらためてわかるはずです。

　最後に「外部からのアドバイスの重要性」が付記されて、この章は締めくくられます。華々しく誕生するベンチャー事業が、持続的に成長し、繁栄していくためにどのようなマネジメントが必要か。いつもどおり、古今東西さまざまな実例を用いてドラッカーが解説しています。皆さんの身近な事例をイメージしながら、読んでみてください。

●読み解きたいポイント

- ベンチャー事業が「マーケット志向」になるのが難しい理由として、どのようなことがあると書かれていますか。
- ベンチャー事業の財務的見通しにおいて、特に重要な数字はどのようなものだと書かれていますか。
- トップマネジメントチームはなぜ必要なのでしょうか。また、トップマネジメントチームは、どの時期から作り始めるべきだと書かれていますか。
- トップマネジメントチームのメンバーが協力して考えるべきこと（問うべき問い）はどのようなことだと書かれていますか。
- 創業者が事業を引き継ぐタイミングで考えるべきこと（問うべき問い）はどのようなことだと書かれていますか。

読み解くべきキーワードとキーセンテンス

- **For the existing enterprise, whether business or public-service institution, the controlling word in the term "entrepreneurial management" is "entrepreneurial." For the new venture, it is "management."** (P188)

事業会社であれ、公共サービス機関であれ、既存の組織にとって「起業家的なマネジメント」という言葉の中で優位 (controlling) なのは、前者の「起業家的」の方である。一方、立ち上がったばかりのベンチャー事業においては、後者の「マネジメント」の方が重要となる。

立ち上がったばかりのベンチャーは起業家精神にあふれる一方、「マネジメント」が不十分で失敗しやすいということを、章の最初で示唆しています。

- **But unless a new venture develops into a new business and makes sure of being "managed," it will not survive no matter how brilliant the entrepreneurial idea, how much money it attracts, how good its products, nor even how great the demand for them.** (P188)

しかし、新たなベンチャー事業が「マネジメント」を事業に組み込み、また確実にそれを実践していかない限り、起業家のアイディアがいかに素晴らしくとも、どれだけ資金を集めていても、製品がどれだけ優れていても、さらにはいかに需要が大きくても、生き残ることはできない (not survive)。

- **Entrepreneurial management in the new venture has four requirements:** (P189)

新しいベンチャー事業を起業家的にマネジメントするために必要なことは4つある。

1. **It requires, first, a focus on the market.** (P189)

    マーケットに焦点を合わせる「マーケット志向」であること。

2. **It requires, second, financial foresight, and especially planning for cash flow and capital needs ahead.** (P189)

    財務的な見通し、特に未来のキャッシュフローと資本ニーズを計画すること。

有望なベンチャーが「マネジメント」で失敗しないために

　私自身、ベンチャー企業で働いていた経験があります。大企業でも働いていましたが、ベンチャーの空気は大企業のそれとは全く違います。時代の最先端のテーマを追う感覚、優秀で情熱にあふれたメンバー、何よりエネルギーに満ちています。極めて優れた（学歴、業績とも）メンバーが集まる会社をたくさん見ました。中には、1年で社員が2倍、3倍になり急成長した会社も少なくありません。優秀な技術やサービスを有する会社も多々ありました。

　しかし、華々しく成長しているベンチャーほど、「消えてしまう（消滅または縮小してしまう）」ことも早いと実感しました。技術的、営業的には優秀でも、組織の成長に「マネジメント」が追いつかない。技術や営業の教育は受けていても、「マネジメント」の教育を受けたことがある人が、ほとんどいないのです。それは本当に大きな課題だと感じました。

　せっかくこの世の中に生み出され、多くの人たちを幸福にする可能性に満ちあふれたベンチャー事業が長く存続し、繁栄していくことは、社会の安定と幸福にとって不可欠です。米国のグーグルなどは、その成長期に、ドラッカーのマネジメント論を経営の基盤にしたと言います。日本でも、あらたに誕生した有望なベンチャーが、まずはドラッカーが体系化した本質的な「マネジメント」を学び、それを土台にして大きく成長してほしいと強く思います。

3. **It requires, third, building a top management team long before the new venture actually needs one and long before it can actually afford one.** (P189)

トップマネジメントチームを築くこと。それも、本格的に必要となるずっと前、かつ実際にその資金的余裕ができるずっと前から、考え始めること。

4. **And finally, it requires of the founding entrepreneur a decision in respect to his or her own role, area of work, and relationships.** (P189)

創業者自身が自らの役割、仕事の範囲、そして自身と他者との関係について意思決定をすること。

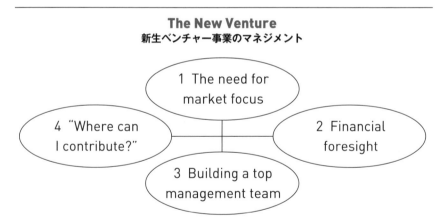

The New Venture
新生ベンチャー事業のマネジメント

- 1 The need for market focus
- 2 Financial foresight
- 3 Building a top management team
- 4 "Where can I contribute?"

新たに生まれたベンチャー事業を軌道に乗せ、順調に成長・発展させていくためには、成長ステージに応じて4つのポイントを強く意識したマネジメントが必要です。

THE NEED FOR MARKET FOCUS

要件の1つ目、「マーケットに焦点を合わせること」について。

- **When a new venture does succeed, more often than not it is in a market other than the one it was originally intended to serve, ...** (P189)

ベンチャーが成功するのは、たいてい (more often than not)、もともと意図していた市場とは別の市場である場合が多い。

もともと自分たちが意図していなかった用途で製品やサービスが使われ、評判になり、新しい需要をつかむ、ということがベンチャーのビジネスではよくあります。「イノベーションの機会につながる7つの変化の種」にあった、「予期していなかった成功や失敗」を柔軟に受け入れることが、ベンチャーにとって特に重要であるということです。

- **If a new venture does not anticipate this, organizing itself to take advantage of the unexpected and unseen markets; if it is not totally market-focused, if not market-driven, then it will succeed only in creating an opportunity for a competitor.** (P189)

ベンチャーがこのこと、つまり、予想も予見もしていなかった市場機会を活かすことを見込んで (anticipate) おらず、全くマーケット志向（マーケット主導とまで言わなくとも）でもないとすれば、ライバルのために有望な市場を開拓するだけに終わってしまう。

ベンチャーがこの原則を守らなければ、「マーケット志向」のライバルにみすみす成功のヒントを与えるだけに終わってしまう、と警告しています。

- **The inventor has limited vision, in fact, he has tunnel-vision*. He sees the area with which he is familiar—to the exclusion of all other areas.** (P190)

何かを発明する者は限定的な見方をしがちだ。「視野狭窄(きょうさく) (tunnel-vision)」と言ってもよい。他のすべては除外して (to the exclusion of)、自分自身が慣れ親しんだ分野だけを見ようとする。

*tunnel-vision　視野が狭くなる状態

原著では、このあとに、DDT (dichloro-diphenyl-trichloroethane ＝殺虫剤)や、スリーエム（ポストイットなどの開発で有名）のヒット商品が、最初に

「市場調査」はなぜイノベーションに役立たないのか

　自動車産業の創始者であるフォードが、「もし顧客に何が欲しいかと尋ねていたら、『足の速い馬』という答えが返ってきただろう」と語った話は有名です。ドラッカーはマーケティングとイノベーションの違いを、前者は「顧客にとっての価値を探る」こと、後者は「全く新しい顧客の価値、満足を作る」こととして区別しています。フォードの言葉はまさにイノベーションの本質を言い当てていて、顧客もまだ気づいていない新しい価値を生み出すことが、イノベーターが本当にすべきことだと言っています。

　アンケートや市場調査から分析をしようとしても、新しい価値を生み出すイノベーションの種はなかなか発見できません。聞かれた本人も、何が新しい価値なのかわからないからです。それでは何を足がかりにすればよいのか。皆さんはもうおわかりだと思いますが、「イノベーションの機会につながる７つの変化の種」にあったような、世の中で起きている「変化」に注目することです。現実に起きている変化から、イノベーションにつながるヒントが数多く得られます。

　稀代のイノベーター、故スティーブ・ジョブズも、「顧客すら何が欲しいか明言できないものを先に探し当て、見せてあげること」がイノベーターの仕事だと述べています。新技術の動向、市場での受け入れられ方、予期していなかった使われ方などの背景にある「変化」に素直にアンテナを張ることで、イノベーションにつながるヒントがたくさん見つかるはずです。

意図したものと違う形で成功した面白い事例が紹介されています。

- **One cannot do market research for something genuinely new.** (P191)

そもそも全く新しいものについては、市場調査はできない。

一般的に経営学のテキストで定番として取り上げられる「市場調査」は、全く新しいイノベーティブな商品を生み出す上では役立たない、というメッセージです。

- **But what is required runs counter to the inclinations of the typical entrepreneur.** (P192)

[ベンチャーがマーケット志向になるためには] 一般に起業家が行いがちなこと (inclination) とは逆の (run counter to) 発想が必要になる。

- **It requires, first, that the new venture systematically hunt out both the unexpected success and the unexpected failure (cf. Chapter3).** (P192)

まず、新しいベンチャー事業は、予期していなかった成功と失敗を体系的に、くまなく探す (hunt out) べきだ（原著第3章参照）。

- **To be market-driven also requires that the new venture be willing to experiment.** (P192)

マーケット起点で考えていくために、新たなベンチャー事業は貪欲に実験をする (experiment) ことも求められる。

さまざまなトライアル（試行や失敗）を繰り返し、結果を検証しながら顧客が本当に購入したい価値のヒントを見つけていく姿勢が、ベンチャーには特に求められるということです。

- **Above all, the people who are running a new venture need to spend time outside: in the marketplace, with customers and with their own salesmen, looking and listening.** (P193)

結局、ベンチャーを立ち上げる人たちは、会社の「外」で過ごす時間を増やさなければならない。市場（marketplace）に出向き、顧客や営業担当者を観察し、その生の声を聞くことに時間を使わなければならない。

- **The new venture needs to build in systematic practices to remind itself that a "product" or a "service" is defined by the customer, not by the producer.** (P193)

新しいベンチャーは、「製品」「サービス」を定義するのは生産者ではなく顧客であるということを、日々の実務において自らに言い聞かせなければならない。

自社の事業、製品、サービスを定義するのは自分たちではなく顧客である、というのはドラッカーの有名なメッセージの一つです。ベンチャー事業がマーケットにフォーカスを当てて考えるくせをつける大切さを強調しています。

FINANCIAL FORESIGHT

2つ目の要件、「財務的な見通しを立てる」について。

- **Lack of market focus is typically a disease of the "neo-natal," the infant new venture.** (P193)

マーケット志向の欠如は、通常、「生まれたて」のベンチャー（"neo-natal," the infant new venture）がかかりがちな病（disease）である。

- **The lack of adequate financial focus and of the right financial policies is, by contrast, the greatest threat to the new venture in the next stage of its growth.** (P193)
適切な財務見通しと財務方針の欠如は、成長の次期ステージに入ったベンチャーにとって、最大の脅威となる。

導入ステージを無事に生き残り、次の成長段階に入ったベンチャーにとっては、財務的な見通しが特に生命線になるということです。

- **They therefore focus on profits. But this is the wrong focus for a new venture, or rather, it comes last rather than first. Cash flow, capital, and controls come much earlier.** (P194)
彼らは利益にはこだわる。しかしこれは、新しいベンチャーにとっては間違ったフォーカスだ。利益を考えるのは、最初ではなく、むしろ最後でよい。まずはキャッシュフロー、資本、そして財務管理の方に集中すべきだ。

- **Growth has to be fed. In financial terms this means that growth in a new venture demands adding financial resources rather than taking them out. Growth needs more cash and more capital. If the growing new venture shows a "profit" it is a fiction:** (P194)
成長には栄養が必要だ (has to be fed)。つまり、新しいベンチャーは、財務資源を拠出するよりも積み上げていかなければならない。成長するには、さらなるキャッシュ、さらなる資本が必要になる。成長中のベンチャーが「利益」を出していても、それはフィクションだと考えた方がよい。

ベンチャーにとって、利益よりもキャッシュ（現金）が重要だ、というのはドラッカーが一貫して伝えているメッセージです。「キャッシュフロー経営」をいち早く世界に発信したのも、ドラッカーでした。アメリカでは、IT産業などで大きく成長したベンチャーの中には、創業10年近く「利益」を出

していない会社も少なくありません。それに対する賛否はありますが、成長には利益よりも「キャッシュ」という栄養が必要だというドラッカーの言葉は、現実に即していると言えます。

- **The new venture needs cash flow analysis, cash flow forecasts, and cash management.** (P194)
新たなベンチャー事業は、キャッシュフローの分析、キャッシュフロー予測 (forecast)、そしてキャッシュフロー管理を必要とする。

原著では、ここから、具体的なキャッシュ管理などの方法論が述べられています。

- **The capital needed for growth and expansion can thus be raised step by step, ...** (P196)
成長に必要な資本は、このように段階的に (step by step) 調達する (be raised) ことができる。

- **But it only works when: (a) each unit breaks even fairly soon, at most perhaps within two or three years;** (P196)
しかし、それは以下の場合に限られる。(a) 各々の事業ユニットが早いタイミングで、遅くとも2、3年以内に損益分岐を超える (break even) こと。

(b) when the operation can be made routine, so that people of limited managerial competence—the typical franchise holder, or the business manager of a local free-standing surgical center—can do a decent job without much supervision; (P196)
(b) 一般のフランチャイジー、あるいは地方の独立系 (free-standing) 外科センターの管理者といった業務管理能力があまり高くない人材が、さほど監督をされなくとも (without much supervision) 良い仕事ができるよう、業務オペレーションが定型化

されて (be made routine) いること。

and (c) when the individual unit itself reaches fairly swiftly the optimum size beyond which it does not require further capital but produces cash surplus to help finance the startup of additional units. (P196)

(c) そして、それぞれの事業ユニットが、資本をそれ以上必要とせず、逆に他の新しい事業ユニットに余剰 (surplus) 資金を提供できる規模になるべく早いタイミングで (swiftly) なること。

ベンチャー事業が段階的に市場から資金を調達する方法は、かなり整っています。一方、資金調達をしたところで、慢心・迷走し、失敗してしまうベンチャー事業も少なくありません。ドラッカーはあえて、上の(a)〜(c)を示すことで、「足元の事業を早いタイミングで、安定・収益事業にすることが条件だ」と警告しています。

- **Fast growth always makes obsolete the existing controls. Again, a growth of 40 to 50 percent in volume seems to be the critical figure.** (P196)

急激な成長によって、それまでの管理体制は必ず陳腐化する。ここでも、40〜50%の売上成長を実現したタイミングが、新たな管理策を導入する一つの目安となる。

成長の段階に応じて、財務管理方法もバージョンアップさせるべきということです。原著では、具体的な管理方法論について書かれています。

- **Financial foresight does not require a great deal of time. It does require a good deal of thought, however.** (P197)

財務的な見通しを作るのに時間はあまりかからない。むしろ必要なのは、よくよく考えること (a good deal of thought) である。

BUILDING A TOP MANAGEMENT TEAM

3つ目の要件、「トップマネジメントチームの構築」について。

- Just when it appears to be on the threshold of becoming an "adult"—a successful, established, going concern—it gets into trouble nobody seems to understand. (P197)

ちょうど「大人」の会社——成功、体制の安定、継続性を備えた会社——になりかけたタイミングで、理解しがたいトラブルに遭遇することが多い。

- The reason is always the same: a lack of top management. The business has outgrown being managed by one person, or even two people, and it now needs a management team at the top. (P197)

その理由はいつも同じで、トップマネジメントの不在(lack)によるものだ。事業が、1人または2人の経営者によって管理可能な規模を超えて成長すると、トップの経営チームが必要となる。

Column **ドラッカーがよく使う team という言葉に込められた意味**

ドラッカーは、よく team という言葉を使います。organization/institution といった「組織」「機構」を意味する言葉がある一方で、なぜ team をよく使うのでしょうか。それは、この team という言葉には、「目的や使命を共有し、互いの能力を尊重し、協力し合い、成果を目指す集団」という意味が込められているからです。

ドラッカーは次のようにも言っています。「チームのメンバーは、互いに仲が良い必要はない。しかし、互いに respect（尊重）し合わなければならない」。この基本的な考え方は、トップマネジメントチームにおいても、もちろん不可欠です。この原則が守られていない会社のトップマネジメントは、さまざまな内紛や分裂を起こし、会社の存続を危うくしてしまいます。

- **The remedy is simple: To build a top management team *before* the venture reaches the point where it must have one. Teams cannot be formed overnight.** (P198)

  救済策 (remedy) はシンプルだ。ベンチャーが、本格的にそれを必要とする「前」にトップマネジメントチームを構築すること。チームは、一夜でできるわけではない。

- **Again, the remedy is relatively simple. But it does require the will on the part of the founders to build a team rather than to keep on running everything themselves.** (P198)

  ここでも、解決策は比較的シンプルだが、創業者の側に、強い意思 (will) が求められる。何もかも自分自身でやり続けるのではなく、チームを作るという強い意思である。

ベンチャー事業は、経営層に何人も人を雇い入れる余裕は、当然ありません。しかし、いつまで経っても1人、2人の経営メンバーだけですべての経営業務を取りしきるには、必ず限界がくるとドラッカーは言います。これを乗り越えるには、経営業務を分担するメンバーを徐々に巻き込み、増やしていくという強い意思が、創業者に必要だと強調しています。

- **First of all the founders, together with other key people in the firm, will have to think through the key activities of their business.** (P198)

  何よりもまず創業者は、その事業における鍵となる活動 (key activities) が何かを、社内の他の中心メンバーたちとともに考え抜か (think through) なければならない。

その事業において、どの活動が「鍵」となるのか。これは、事業の特性に応じて異なります。例えば、ある会社にとっては、研究開発が生命線かもしれません。また別の会社にとっては、営業体制かもしれません。トップマネジメントチームの候補メンバー間でしっかり意識のすり合わせをする重要性が、ここで書かれています。

- **The next step is, then, for each member of the group, beginning with the founder, to ask: "What are the activities that *I* am doing well?"** (P199)
  そして、次のステップは、創業者をはじめとする中心メンバーの全員が「自分が得意なことは何か」と自問することだ。

- **Next, one asks: "Which of the key activities should each of us, therefore, take on as his or her first and major responsibility because they fit the individual's strengths?"** (P199)
  次に、「我が社の鍵となる活動と個々の強みとを照らし合わせると、どの活動に誰が責任を持つのがベストか」を考えてみる。

  会社の成功の鍵となる活動を、トップマネジメントメンバーの強みや資質に応じて割り振り、責任体制を明確にすることの重要性が書かれています。

- **Finally, goals and objectives for each area need to be set.** (P199)
  そして最後に、各領域において、目的と目標を明確に設定すること。

- **It is prudent to establish the top management team informally at first.** (P200)
  最初は、トップマネジメントチームを非公式に立ち上げることが賢明 (prudent) だ。

- **The founder has to learn to become the leader of a team rather than a "star" with "helpers."** (P201)
  創業者はチームのリーダーになることを学ぶべきであって、「助手たち」を連れた「スター」になってはならない。

"WHERE CAN I CONTRIBUTE?"

4つ目の要件、創業者自身が自問すべき重要な問い、「自分自身がどこで貢献するべきか」について。

- **As a new venture develops and grows, the roles and relationships of the original entrepreneurs inexorably change. If the founders refuse to accept this, they will stunt the business and may even destroy it.** (P201)

  新しいベンチャーが発展・成長するにつれ、創業メンバーの役割や関係性も否応なしに (inexorably) 変化する。創業者たちがこれを受け入れないとしたら、そのせいで事業は成長を妨げられ (stunt)、崩壊すらしかねない。

- **They tend to begin by asking: "What do I like to do?"** (P201)

  彼らは、「自分は何をしたいか」と考えがちだ。

- **The right question to start with is: "What will the venture need *objectively* by way of management from here on out?"** (P201)

  実際は、「客観的に見て (objectively)、これから、このベンチャーにとって必要となるマネジメントはどのようなものだろうか」という問いからスタートするべきだ。

- **The next question the founder must ask is: "What am I good at? What, of all these needs of the venture, could I supply, and supply with distinction?"** (P201)

  その後、創業者が問うべきは、「私が得意なことは何だろうか。このベンチャー事業にとって必要なことのうち、私の資質を活かして (with distinction) 貢献できることは何だろうか」である。

創業者あるいは創業メンバーが、自らの新たな役割や貢献を考えるために問

187

うべき問いが、ここまで解説されています。原著では、米国のペース大学やマクドナルドの創業者であるレイ・クロックの事例が紹介されています。いずれも、創業者が自分自身の新しい貢献や役割を再定義し、自身が経営を取りしきる第一線から引いたあとも、事業を成長させた例です。

- "I trained my own successor for about eighteen months, then turned the company over to him and resigned," he said. Since then he has started three new businesses, ... (P203)

「私の後継者を1年半かけて育成し、事業を後継者に引き継ぎ、自分は辞任した」と彼は言った。そしてそこから、3つの新事業を立ち上げた。

ある金融関連のベンチャー事業創業者が、事業を後継者に引き継ぎ、その後

Column 偉大な創業者は「後継者への引き継ぎ」もマネジメントする

偉大なベンチャー起業家ほど、後継者への引き継ぎが難しいものです。それは、日本のベンチャー起業家の昨今の「後継者選び」に関するニュースを見ても、明らかです。しかし、もちろん、事業承継が円滑に、適切に行われている会社も多々あります。そのような会社は、社内に大きな混乱がなく、社員も新しい経営体制を自然に受け入れ、新体制を積極的にサポートしています。

外からはなかなかわからない、事業承継の成否の背景にあるのが、ドラッカーがここで書いている「ベンチャーのマネジメント」の原則です。特に、事業を次世代に引き継ぐ前に「トップマネジメント『チーム』」を作り、そして「創業メンバーがこれから果たすべき貢献、役割は何か」を徹底的に問い、新しい責任と役割を再定義し、それに向けて着々と承継のプランを進め、実行する。中には、事業を引き継いだ後に新しいベンチャー事業を別に立ち上げる創業者もいる。それも素晴らしいことです。

何十年もかけて育ててきた大切なベンチャー事業が、その後も何十年、何百年と発展し、多くの人を幸福にする会社になるために、ぜひこのドラッカーのメッセージが多くの偉大な起業家、創業者に伝わってほしいと思います。

は自身でさらに 3 つの事業（金融関連以外の事業を含め）を立ち上げたエピソードです。

- **He wants to develop new businesses but does not enjoy running them.** (P204)
彼は事業を立ち上げるのは好きだが、運営するのは好きではない。

- **The question, "Where do I belong?" needs to be faced up to and thought through by the founder-entrepreneur as soon as the venture shows the first signs of success.** (P204)
「自分は何に向いていて、何が得意なのか」という問いこそ、ベンチャー事業に成功の兆しが見えたらすぐに創業者が向き合い、考え抜かなければならない問いだ。

belong とはここでは、「（資質として）何が得意か、自分の属性は何か」という意味です。原著では、ここから、本田技研とフォードの事例が紹介されます。ともに技術者によって創業された会社ですが、経営のパートナーを見つけ最大限にその人財を活用した本田と、それができなかったフォードとのその後の差について紹介しています。

THE NEED FOR OUTSIDE ADVICE

最後に、起業家にとっての「外部のアドバイス」の重要性を述べて、この章の総括になります。

- **These last cases point up an important factor for the entrepreneur in the new and growing venture, the need for independent, objective outside advice.** (P205)
これら紹介したケースは、新しい成長ベンチャーの創業者にとって重要なことを示している。すなわち、中立的で客観的な (objective)、外部アドバイスの必要性である。

189

- **The growing new venture may not need a formal board of directors.** (P205)
  成長中のベンチャーに正式な取締役メンバーは必要ないかもしれない。

- **But the founder does need people with whom he can discuss basic decisions and to whom he listens. Such people are rarely to be found within the enterprise.** (P205)
  しかし創業者には、基本的な決定についてディスカッションをし、意見を聞ける相手が必要だ。自社の中からこのような人が見つかることはほとんどない。

- **What this chapter has tried to do is to identify and discuss the few fairly simple policies that are crucial to the survival and success of any new venture, whether a business or a public-service institution, whether "high-tech," "low-tech," or "no-tech," whether started by one man or woman or by a gourp, and whether intended to remain a small business or to become "anotehr IBM."** (P206)
  この章で明らかにしたかったのは、新しいベンチャー事業が生き残り、成功するためのいくつかの極めてシンプルな考え方、指針(policy)である。それは、事業会社か公共サービスか、ハイテクかアナログ産業か、創業者が一人かグループか、小規模の事業を意図しているのか「第二のIBM」的な大規模を目指しているのか、などにかかわらず、あらゆるベンチャー事業に適用できる。

第 3 部
起業家的に戦う～戦略～
ENTREPRENEURIAL STRATEGIES

14 「最速、最強の戦略」と「不意を突く戦略」

> **原著のここを読む！**
>
> **III ENTREPRENEURIAL STRATEGIES (P207)**
> 16. "Fustest with the Mostest"(P209-219)
> 17. "Hit Them Where They Ain't"(P220-232)

📖 サマリーと読みどころ

　ここから原著の第3部、「Entrepreneurial Strategies（起業家的に戦う～戦略～）」に入りましょう。第1部「The Practice of Innovation」は、「7つの変化の種」から、どのようにイノベーションの機会を発見し、それをどうイノベーションに活かすかについての解説でした。第2部「The Practice of Entrepreneurship」では、既存企業、公共サービス機関、新しいベンチャー事業という3種類の組織ごとに、「それぞれの組織が、その特性を考慮に入れながら、いかに起業家精神を発揮するか」について書かれていました。そして、この第3部「Entrepreneurial Strategies」では、具体的に4つの形の「起業家の戦略」が語られています。

　4つの戦略のうちの1つ目、第16章「Fustest with the Mostest」で登場するのは、いわば「最速、最強の戦略」です。この Fustest with the Mostest という言葉は、南北戦争時の将校が使ったものだと言われています（195～196ページ参照）。もともとの意味同様に、新しい市場機会に最速で乗り込み、最大の力を投入し、果実を得ることを目指す総合戦略です。

　一般的に、ベンチャー起業家といえば、このようにゼロから全く新しい市場

を創造すると思われがちです。しかし、この戦略はリターンが大きい一方で、狭い的を外せば損失も大きくなります。従って、起業家の誰もが採用できる戦略ではないとドラッカーは言います。この「最速、最強の戦略」のメリットやリスクが、さまざまな事例とともに描かれています。

続いて2つ目、第17章「Hit Them Where They Ain't」で登場するのは、「不意を突く戦略」です。この Hit Them Where They Ain't も、南北戦争時に使われた言葉が起源と言われています。「敵が気づいていないところに、攻撃を仕掛けよ」という意味です。新しい市場を真正面から創り出す「最速、最強の戦略」とは異なり、ある企業が既に開発している製品やサービスを、別の起業家が模倣したり、別の形に変えたりすることで、市場ニーズに合う新しいビジネスを立ち上げ、成功させる戦略です。この戦略は、「創造的模倣 (creative imitation)」戦略と、「起業家的柔道 (entrepreneurial judo)」戦略の2つに分類されています。

イノベーションの機会を発見した起業家が、どのような戦略を取ることが賢明か。それぞれに、どのようなメリットやリスクがあるのか。今回も豊富な実例とともに書かれています。皆さんにとって身近な起業家や、世間でよく知られている戦略の実例も思い受かべながら読むと、さらに学びが深まるはずです。

🗨 読み解きたいポイント

➢ 「Fustest with the Mostest」とは、何を目的とした、どのような戦略でしょうか。
➢ 「Fustest with the Mostest」にはどのようなリスクがあり、どのような点に注意すべきだと書かれていますか。
➢ 「Hit Them Where They Ain't」とは、どのような戦略でしょうか。その中で紹介されている「creative imitation」とは、どのような状況で(どのような条件が揃ったときに)最も成功しやすい戦略でしょうか。

➢ 「entrepreneurial judo」とは、どのような戦略でしょうか。また、どのような環境条件が揃ったときに成功しやすい戦略だと書かれていますか。

読み解くべきキーワードとキーセンテンス

16. "Fustest with the Mostest"

- **There are four specifically entrepreneurial strategies:**
  1. Being "Fustest with the Mostest";
  2. "Hitting Them Where They Ain't";
  3. Finding and occupying a specialized "ecological niche";
  4. Changing the economic characteristics of a product, a market, or an industry. (P209)

  起業家的な戦略には、以下の代表的な4つのタイプがある。
  1.「最速、最強の戦略」
  2.「不意を突く戦略」
  3.「ニッチ」狙いの戦略
  4. 製品、市場、産業の「経済的価値」を変える戦略

- **These four strategies are not mutually exclusive.** (P209)
  これら4つの戦略は、併用することもありうる。

  起業家には上記4つの代表的な戦略がありますが、場合によって、各々の要素を融合するケースもある、ということです。

Entrepreneurial Strategies 1
起業家の戦略 1

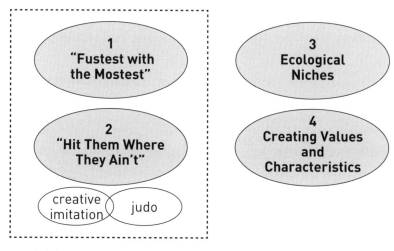

4種類の起業家としての重要な戦略が紹介されています。ここでは、最初の2つ（左）をメインに解説します。

上の図のとおり、ここでは、4つの戦略のうち最初の1、2を扱っていきます。

- **Each requires specific behavior on the part of the entrepreneur. Finally, each has its own limitations and carries its own risks.**
  (P209)

  採用した戦略に応じ、起業家は適切な行動を取らなければならない。それぞれの戦略ごとに限界とリスクがあることも認識しておく必要がある。

BEING "FUSTEST WITH THE MOSTEST"

- **Fustest with the Mostest** (P210)

  先述のように、南北戦争時に将校が、自軍の連戦連勝の秘訣を語るときに使った言葉です。諸説ありますが、First with the Most、すなわち「最初に、

195

最大・最強の力（総力）をもって攻め込む」というのが本来の意味だと言われています。

- **But it aims from the start at a permanent leadership position.** (P210)

最初から、市場において長期的に (permanent) リーダーポジションを取ることを目指す。

市場規模の大小にかかわらず、その市場の中で「リーダー」（最大シェアを持つ企業）の地位を獲得することが、この戦略の目的です。

- **Being "Fustest with the Mostest" is the approach that many people consider the entrepreneurial strategy *par excellence*.** (P210)

この「最速、最強の戦略」こそ、最も優れた (par excellence) 起業家戦略だと思っている人が多い。

- **On the contrary, of all entrepreneurial strategies it is the greatest gamble.** (P210)

一方、あらゆる起業家戦略のうち、最もギャンブル性が高い戦略でもある。

- **But if successful, being "Fustest with the Mostest" is highly rewarding.** (P210)

しかし、成功すれば、「最速、最強の戦略」は最も収穫が大きい (rewarding) 戦略である。

- **Not every "Fustest with the Mostest" strategy needs to aim at creating a big business, though it must always aim at creating a business that dominates its market.** (P212)

「最速、最強の戦略」を使うからといって、必ずしも大きなビジネスを目指す必要はない。しかし常に、市場を独占する事業を目指すべきだ。

- **Being "Fustest with he Mostest" is not confined to businesses. It is also available to public-service institutions.** (P212)

この「最速、最強の戦略」は、ビジネス分野だけでなく、公共サービス機関でも適用できる。

原著では、ドイツのベルリン・フンボルト大学や、米国のメイヨー・クリニックなどの公共サービス機関がこの「最速、最強の戦略」を導入して成功した事例が紹介されています。ビジネス分野以外でも、このような戦略的思考が有効であることがよくわかります。

- **It always aims at creating a new industry or a new market.** (P213)

常に、新しい産業や新しいマーケットを創ることを目的とした戦略である。

「大きさ」よりも「占拠率」が重要

　私も経験がありますが、企業の中で新しい事業を立案する際に、常に問われるのが、「どれくらいの事業規模が見込めるのか」という質問（詰問）です。もともと大きな事業を「まわす」ことに慣れている経営幹部や古参社員ほど、この「大きさ」を気にします。

　しかし、最も大切なのは、現状で見込める市場の「大きさ」ではなく、「その市場のリーダーポジションが取れるかどうか」です。中小企業の中でも継続的に高い業績を上げている会社は、「高い市場シェア」を持つ「（比較的）小規模な事業」を複数持っている場合が多いです。例えば、インフラ工事で汎用的に使われる特定の部品であるとか、大きく需要が伸びなくとも汎用的に使われ続ける消耗品の材料となる特殊素材、といったものです。

　第18章の「niche（ニッチ）」戦略にもつながりますが、市場規模そのものは大きくないとしても、そこで高シェアを取っている事業は極めて高収益になります。さらにそこに「成長性」も加われば強いのですが、あまりに成長しすぎると大手企業の参入を受けやすいので注意が必要です。また、成長そのものは鈍くても、需要がなくならない製品は、収益性が高い事業になります。起業家として戦略を立てる人には、常に頭に入れておいてほしい原則です。

- **Both the DuPonts and Wang from the beginning clearly aimed at dominating the industry they hoped they would succeed in creating.** (P213)

[化学会社として創業した] デュポンも [コンピューター業界を発展させた] ワングも、自ら創ろうとする産業で圧倒的なシェアを取ることを最初から明確に意図していた。

- **Perhaps because "Fustest with the Mostest" must aim at creating something truly new, something truly different, nonexperts and outsiders seem to do as well as the experts, in fact, often better.** (P214)

「最速、最強の戦略」は、全く新しい、これまでと全く違うものを生み出そうとするため、実は専門家でない人や部外者の方が、専門家と同様か、むしろそれ以上にうまくいくようだ。

米国では特に、電気自動車、車の自動運転、宇宙事業、人工知能 (AI) など、全く新しい分野でベンチャー起業家たちがリーダーポジションを取るべく激しい競争をしています。まさに、「最速、最強の戦略」を採用して突き進む起業家たちです。ドラッカーが言うように、全く新しい産業を創ろうとする彼らは、もともとその分野に深くかかわってきた専門家でない場合が多いです。既存の業界や既存技術の常識にとらわれることなく、新しく斬新なアイディアで事業をデザインすることが「門外漢」の強みと言えるでしょう。

- **The strategy of being "Fustest with the Mostest" has to hit right on target or it misses altogether. Or, to vary the metaphor, being "Fustest with the Mostest" is very much like a moon shot:** (P215)

「最速、最強の戦略」は、確実に的に命中させなければならない。さもなければ、すべて失う。例えるなら、「月を狙う」ような (like a moon shot) ものだ。

- **To use this strategy, in other words, requires thought and careful analysis.** (P215)
言い方を換えれば (in other words)、この戦略を採用するには、熟慮と慎重な分析が必要だ。

moon shot としては魅力的であったとしても、小さい的を狙う戦略だからこそ、十分な分析が必要です。原著の中でドラッカーが使う analysis は、主に、先述の「イノベーションの機会につながる７つの変化の種」を用いた分析や思考を意味しています。

- **Then, after the innovation has become a successful business, the work really begins.** (P217)
そして、イノベーションがビジネスとして成功を収めてから、本格的な仕事が始まる。

市場のリーダーポジションを長期的に取ることがこの戦略の特徴なので、ビジネスを成功させたあとにこそ、やるべきことがたくさんあると言っています。

---

moon shot はベンチャーの憧れ

ここでドラッカーが使っている moon shot は、もともとは 1960 年代にアメリカ合衆国大統領のジョン・F・ケネディが moon shot（月へのロケットの打ち上げ）という言葉を使ったことで知られるようになりました。多くの国民がそのメッセージに夢を抱き、熱狂しました。そこから、この moon shot（ビジネスでは、moonshot と一語で表現されることが多い）は、「斬新で困難ではあるが、実現すれば極めて大きなインパクトをもたらす壮大な挑戦」を意味する言葉として使われるようになりました。今日では、グーグルはじめ、米国西海岸のシリコンバレーの起業家が、「全く新しい、壮大で夢のある事業目標」を示す際に、よく使っています。

- **"Fustest with the Mostest" has to make his product or his process obsolete before a competitor can do it.** (P217)

「最速、最強の戦略」では、ライバルがそうする前に、起業家自身が自社の製品やプロセスを陳腐化させなければならない。

リーダー的なポジションを維持するために、古くなった製品やプロセスを捨てて新しいものを取り入れる決断を、自ら行っていくことが求められます。この点でも、ビジネスが成功してからが本番で、非常に難しい判断を迫られ

成功を自ら陳腐化 (obsolete) させる
～「イノベーションのジレンマ」を超えて～

　企業は、従来の事業が成功すればするほど、新しいものを生み出しにくくなります。新事業に資源を割くより、既存のものを拡張した方が短期的な収益を期待でき、リスクも低く思われるからです。これを経営用語で「イノベーションのジレンマ」といいます。

　しかしドラッカーが言うように、業界をリードする企業であり続けるためには、自社が市場に導入して成功した製品やサービスを、他社が動く前に「自ら陳腐化 (obsolete) させる」意識が必要です。

　例えば、コンビニエンスストア業界のリーダーと言われるセブンイレブンも、ネット書店市場を牽引するアマゾンも、スマートフォン／タブレット端末で圧倒的なシェアを誇るアップルも、また検索エンジンサービスを世に出して成功したグーグルも、自ら次々と斬新な製品・サービスを提案する姿勢が共通しています。過去の成功にあぐらをかいてそれらに固執することなく、他社が追いつくか追いつかないかというタイミングで、多くの人を驚かせる新しいサービスや製品を大胆に発表するのです。

　これはすなわち、「過去の成功を自ら『陳腐化』させる」行動です。勇気がいる決断です。この決断ができない企業は、どこかで需要の伸びも頭打ちになり、窮地に陥ります。次章で紹介されている「不意を突く戦略」を他社に仕掛けられ、短期間でリーダー的地位から脱落してしまうケースもあります。

　「自らの成功を陳腐化させる」イノベーティブな決断、すなわち「イノベーションのジレンマ」を自ら乗り越える勇気が、リーダー企業の成否を分けるのです。

る戦略であるとも言えます。

- While the strategy is indeed highly rewarding when successful, it is much too risky and much too difficult to be used for anything but major innovations, ... (P218)

実際、この戦略は成功したときのリターンが大きい一方、そのリスクと難しさがあまりに大きいので、大規模なイノベーション以外には (anything but) 使うべきではない。

- In most cases alternative strategies are available and preferable—not primarily because they carry less risk, but because for most innovations the opportunity is not great enough to justify the cost, the effort, and the investment of resources required for the "Fustest with the Mostest" strategy. (P219)

ほとんどの場合、別の起業家戦略の方が有効であり、望ましい (preferable)。その方がリスクが小さいからではなく、ほとんどのイノベーションにおいて、この「最速、最強の戦略」に必要なコスト、労力、投資に見合う (justify) だけの機会が十分に大きくないからだ。

ここでは、もちろん「最速、最強の戦略」を否定しているわけではありません。しかし、その難しさを考えれば、起業家として採用できる戦略の選択肢は他にもある、ということを伝えようとしています。それが、第17章以降で紹介される戦略です。

17. "Hit Them Where They Ain't"

● **Hit Them Where They Ain't** (P220)
不意を突く

直訳すれば、「敵が気づかないうちに攻撃を仕掛けろ」ということです。敵が予期していないタイミングや形で攻撃して勝率を上げる、ゲリラ的な戦略とも言えます。この言葉も南北戦争の将校が使ったと言われていますが、往年のメジャーリーグの名選手が自身の戦法を語る際に引用したことでも知られています。

ain't は見慣れない表現かもしれません。これは、am not、is not、are not、have not、has not を短縮した形です。アメリカでこの ain't を使うのは、農家の人やカウボーイなどで、一般のアメリカ人にとっても田舎をイメージさせる表現です。しかし、だからこそ、aren't などと比べて、ain't は活力や勢いがある印象を与えます。

● **Two completely different entrepreneurial strategies were summed up by another battle-winning Confederate general in America's Civil War, who said: "Hit Them Where They Ain't." They might be called creative imitation and entrepreneurial judo, respectively.**
(P220)

ここで述べる2つの全く異なる起業家戦略は、アメリカの南北戦争で活躍した、勝軍である南軍 (Confederate) の将校 (general) が語った言葉、「敵が気づかないうちに攻めよ」に集約する (be summed up) ことができる。それぞれ「創造的模倣戦略」「起業家的柔道戦略」と呼ぶことにしよう。

CREATIVE IMITATION

- **This is the strategy of "creative imitation." It waits until somebody else has established the new, but only "approximately."** (P221)

これが「創造的模倣戦略」だ。他の誰かが新しいものを「ほぼ」完成させたタイミングを待ち、それを狙う。

原著では、もともとパソコンを開発していたアップルのアイディアをIBMが利用して、パーソナルコンピューター事業で成功した事例が、「創造的模倣戦略」の代表例として紹介されています。

- **Like being "Fustest with the Mostest," creative imitation is a strategy aimed at market or industry leadership, if not at market or industry dominance.** (P222)

「最速、最強の戦略」と同様に、「創造的模倣戦略」もまた、市場や業界において、独占ではないとしても、リーダー的ポジションを取ることを狙う。

- **Creative imitation, these cases show, does not exploit the failure of the pioneers as failure is commonly understood. On the contrary, the pioneer must be successful.** (P223)

これらのケースで紹介された「創造的模倣」は、一般に思われているように、先駆者の失敗を利用するのではない。反対に、先駆者自身が成功を収めていなくてはならない。

起業家がアイディアを模倣する相手企業は、失敗ではなく、成功していなければならないと述べています。例えば、アップルにしても、パーソナルコンピューターの「製品イノベーション」自体は当初から成功していました。しかし、顧客の視点やニーズとマッチしていなかったことが問題だったとドラ

ッカーは分析しています。この点を IBM が利用した、という解釈です。

- **The creative imitator does not invent a product or service; he perfects and positions it.** (P223)

「創造的模倣」を仕掛ける者は、製品やサービスを発明するわけではない。彼らは、ほぼ完成している製品をより完全なものにし (perfect)、それを市場で適切な場所に位置づける (position) のである。

- **The creative imitator looks at products or services from the viewpoint of the customer.** (P223)

「創造的模倣」を行う者は、顧客の視点 (viewpoint) から製品とサービスを見ている。

- **Creative imitation is likely to work most effectively in high-tech areas for one simple reason: high-tech innovators are least likely to be market-focused, and most likely to be technology- and product-focused.** (P224)

「創造的模倣戦略」は、ハイテク業界で最も成果を生みやすい。その理由は単純だ。ハイテクのイノベーターはマーケット志向が苦手で、技術と製品主導の発想になりやすいからだ。

ENTREPRENEURIAL JUDO

- **entrepreneurial judo** (P225)

起業家的な柔道

「柔よく剛を制す」が柔道の精神と言います。まさにその考えに則り、強者の力やエネルギーを逆にうまく利用して、比較的力の弱い事業者が成功を目指す戦略を、ドラッカーは「起業家的な柔道戦略」と呼んでいます。

- But Akio Morita, Sony's president, read about the transistor* in the newspapers. As a result, he went to the United States and bought a license for the new transistor from Bell Labs for a ridiculous sum, all of $25,000. (P225)

しかし、ソニーの当時の社長、盛田昭夫は新聞でトランジスタの記事を読み、アメリカに飛んだ。そして、ベル研究所から新しいトランジスタのライセンスを2万5,000ドルという破格の値段で購入した。

ソニーの当時の盛田社長が、多くのアメリカ企業が実用化はまだ先だと油断した間に、ベル研究所が開発したトランジスタのライセンスを手中に収め、数年内に世界のトランジスタラジオ市場を手に入れた、という有名なエピソードです。このように、ほぼ完成に近づいていたビジネスの種を手中に収め、それを市場が求める形で事業化して成功を収める戦略が、「起業家的な柔道戦略」だと定義しています。

*transistor トランジスタ、増幅機能を持つ半導体素子

- The Japanese, in other words, have been successful again and again in practicing "entrepreneurial judo" against the Americans. (P226)

言い換えれば、日本人はこの「起業家的な柔道」をアメリカ企業にたびたび仕掛けることで、成功してきた。

- Of the entrepreneurial strategies, especially the strategies aimed at obtaining leadership and dominance in an industry or a market, entrepreneurial judo is by all odds the least risky and the most likely to succeed. (P226)

起業家の戦略、中でもとりわけ業界や市場においてリーダー的、独占的な地位を目指す戦略の中では、この「起業家的な柔道戦略」は最もリスクが低く、成功しやすい。

- **There are in particular five fairly common bad habits that enable newcomers to use entrepreneurial judo and to catapult themselves into a leadership position in an industry against the entrenched, established companies.** (P227)

新規参入者が「起業家的な柔道」を仕掛け、凝り固まった (entrenched) 既存プレイヤー（企業）を横目に、業界内でのリーダー的地位を目がけて発進する (catapult)。そのような状況を許してしまう、よくある5つの特筆すべき悪癖 (bad habit) がある。

「NIH」は日本企業への警鐘でもある

原著が執筆された1980年代までは、日本企業の多くが国際競争において勝利を収めていました。ドラッカーも言っているように、ソニーをはじめ勢いのある日本企業が「起業家的な柔道戦略」を果敢に仕掛け、海外で生まれた技術の種を活かし、新しい事業を広げていた時代です。

その時代から約40年が経過し、今度は日本企業の技術がアジア諸国をはじめとする他国の企業に活用され、急速にシェアを奪われる例が増えています。例えば、液晶パネル、DVDプレイヤー、カーナビゲーションシステムなどは、かつて日本企業が技術開発で世界をリードし、市場を立ち上げ、一時は世界市場シェアをほぼ独占していた製品です。しかし、短期間のうちに市場シェアが奪われ、その後のアジア企業との競争でも苦戦を強いられました。

カーナビゲーションシステムは、その最たる例です。2003年には日本企業の製品の占有率はほぼ100％で、独占状態だったにもかかわらず、わずか4年後の2007年には20％程度にまで落ち込んでしまいました。市場でリーダーシップを取ったあとすぐに、適切な戦略意思決定を日本企業が行えなかった結果です。

その背景には、少なからず、日本企業が「NIH（Not Invented Here）」の考え方をしていたこともあるはずです。技術力では日本企業が一番であり、他社、とりわけ他のアジア各国の新興企業の技術力など取るに足らない、という慢心もあったでしょう。そのように読むと、我々、今日の日本人にとっては、ドラッカーからの「警鐘」とも取れますし、得られるヒントも多くあるはずです。

1. **The first is what American slang calls "NIH" ("Not Invented Here"), ...** (P227)
   １つ目は、アメリカの俗語である「NIH（我々が発明したものではない）」である。

   補足のとおり、「NIH」は Not Invented Here の略で、自分たちが考えたり、発明したりしたものでなければ、興味を示さない態度のことです。よそ者が考えたことなど大したアイディアではなく、どうせ成功しないだろうというおごりも意味しています。

2. **The second is the tendency to "cream" a market, that is, to get the high-profit part of it.** (P227)
   ２つ目は、市場の「クリームをすくい取る」、すなわち最も利益が上がるところを取ろうとする傾向だ。

3. **Even more debilitating is the third bad habit: the belief in "quality."** (P228)
   ３つ目は、最も弱体化を招く (debilitating) 悪癖、過度の「品質崇拝」だ。

4. **Closely related to both "creaming" and "quality" is the fourth bad habit, the delusion of the "premium" price.** (P228)
   ４つ目は、「クリームをすくい取ること」「品質」双方に関係する悪癖でもあるが、「プレミアム」価格への幻想 (delusion) である。

   最初に市場を独占した企業には「プレミアム（特別）価格」を維持したい、という幻想があり、それが他社に狙われ、価格破壊により市場を一気に失うケースが多い、ということです。

5. **Finally, there is a fifth bad habit that is typical of established businesses and leads to their downfall—Xerox is a good example. They maximize rather than optimize.** (P229)

    最後の5つ目は、まさに確固たる地位を築いた会社に典型的に見られる悪癖で、転落 (downfall) のきっかけになる。ゼロックスが良い例だが、「最適 (optimize)」より「最大 (maximize)」を追求するという考え方である。

    今日の日本企業にもよくあることですが、一つの製品にあまりに多くの機能やサービスを搭載しすぎて、逆にユーザーにとってわかりにくくなったり、魅力が失われたりする現象を言っています。あくまで一般論ですが、「ユーザー体験」から製品を設計する今日の欧米メーカーに比べ、日本メーカーはどうしても「技術視点」での機能積み上げになりやすい傾向があります。ドラッカーの考え方にならえば、「最適」より「最大」を追求する姿勢に大きな転換が迫られていると言えるでしょう。

● **As a result, the instrument no longer satisfies anyone. For, by trying to satisfy everybody, one always ends up satisfying nobody.** (P229)

その結果、その機器 (instrument) は、誰も満足させられない。あらゆる人を満足させようとすると、誰も満足させられない結果に終わってしまう (end up) からだ。

これも、対象ユーザーや顧客を特定できずに、あらゆるニーズに応えようとして、逆に誰も満足させられない（魅力のない）製品になってしまう、という現実を鋭く指摘しています。

● **Entrepreneurial judo is always market-focused and market-driven.** (P231)

「起業家的な柔道戦略」は、常にマーケット志向、マーケット主導の考え方である。

- **To use the entrepreneurial judo strategy, one starts out with an analysis of the industry, the producers and suppliers, their habits, especially their bad habits, and their policies.** (P232)

「起業家的な柔道戦略」を使いこなすには、まず分析から始めることだ。業界、製造者、サプライヤー、商慣習、そして特に（先にあげたような）悪い商慣習、業界全体を貫く考え方、これらを分析することから始めなければならない。

- **But then one looks at the markets and tries to pinpoint the place where an alternative strategy would meet with the greatest success and the least resistance.** (P232)

そしてそこから、市場に目を向ける。別の戦略を取れば、大きな抵抗 (resistance) を受けることなく、最大の成功に結びつく場所をピンポイントで探る。

- **Like being "Fustest with the Mostest" and creative imitation, entrepreneurial judo aims at obtaining leadership position and eventually dominance.** (P232)

「最速、最強の戦略」や「創造的模倣戦略」と同様に、「起業家的な柔道戦略」も、市場でのリーダー的な地位、ひいては独占的なポジションを取ることを目標とする。

- **But it does not do so by competing with the leaders—or at least not where the leaders are aware of competitive challenge or worried about it. Entrepreneurial judo "Hits Them Where They Ain't."** (P232)

しかし、他の先行企業と戦うことでリーダー的地位を狙うわけではない。少なくとも、そういった挑戦に気づかれ、警戒されている状態で戦いを仕掛けることはない。「起業家的な柔道戦略」とは、敵が気づかないところで攻める、すなわち敵の「不意を突く」戦略である。

15 「ニッチ戦略」と「新しい価値を創り出す戦略」

> **原著のここを読む！**
>
> **III ENTREPRENEURIAL STRATEGIES**
>   18. Ecological Niches (P233-242)
>   19. Creating Values and Characteristics (P243-252)

📚 サマリーと読みどころ

　原著の第3部「Entrepreneurial Strategies（起業家的に戦う〜戦略〜）」の残り半分です。いよいよ起業家戦略も最後です。

　第16章「Fustest with the Mostest（最速、最強の戦略）」と第17章「Hit Them Where They Ain't（不意を突く戦略）」は、どちらも比較的大きなマーケットや業界で「リーダー」的なポジションを目指す点で共通していました。一方、今回登場する2つの戦略は、特性がずいぶん違います。

　第18章「Ecological Niches」は、比較的規模の小さい市場で独占的な地位を目指す、まさに「ニッチ（niche）」戦略です。ここで紹介されているのは、「toll-gate（料金所戦略）」「specialty skill（専門技術戦略）」「specialty market（特殊マーケット戦略）」の3種類のニッチ戦略です。いずれも、大規模な投資をしたり、斬新な価値を生み出したりする類のものではありませんが、そのポジションを取り、維持できれば、長期にわたって高収益なリターンを得続けることができる戦略です。

　第19章「Changing Values and Characteristics」は、さらに異なります。これは、イノベーションの発想そのものを「戦略」として活用する考え方です。

内容は、「creating customer utility（顧客にとっての『効用』を創り出す戦略）」「pricing（値づけ戦略）」「the customer's reality（顧客の事情に適応する戦略）」「delivering value to the customer（新しい価値を創り出す戦略）」の4つに分かれています。どれも、顧客と提供者の間にある認識や価値観の「ズレ、不調和」に着目し、そのズレを活用し、市場での戦略的な立ち位置を確立するものです。

　前の2つの章も含め、ドラッカーは全部で大きく4種類の実践的な「起業家戦略」を示しています。起業家の戦略は通り一遍のものではありません。その業界や市場、またイノベーションの機会の種類によって、取るべき戦略が変わります。起業家に特化した「戦略」論を、ここまで丁寧に分類し、豊富な事例とともに伝えてくれる類書はほとんどないでしょう。

　最後にドラッカーは、起業家としての戦略は、常に「顧客」からスタートしなければならないと伝えています。これは、すべての戦略に共通していることです。起業家が自身の技術や知識に依存し、視野が狭くなり、顧客視点を失うことで失敗するケース、あるいは逆にそのような顧客視点を欠いた他社の隙を突いて、新しい事業を成功させるというケースもここまでにたくさん登場しました。皆さんにとって身近な事例に照らし合わせながら、最後の「起業家の戦略」のページを読んでください。

💭 読み解きたいポイント

- 「Fustest with the Mostest（最速、最強の戦略）」や「Hit Them Where They Ain't（不意を突く戦略）」と、「Ecological Niches（ニッチ戦略）」は、どのような「性質」の違いがありますか。具体事例をもとに、考えてみましょう。
- toll-gate 戦略とはどのような戦略でしょうか。また、どのような条件が揃えば、実現できるでしょうか。
- specialty skill、specialty market とは、それぞれどのような戦略でしょ

か。また、これら 2 つに共通する「リスク」「制約」とは、どのようなことでしょうか。
- 顧客にとっての「utility（効用）」を創り出して成功したイノベーションの代表的な事例として、どのような例が取り上げられていますか。また、皆さんにとって身近な事例で、「効用」を創り出したことで成功している事例をあげてみてください。
- 「pricing（値づけ）」の戦略で登場する、代表的な事例は、どのような例でしょうか。また、この戦略を成功させるために不可欠な考え方とはどのようなものでしょうか。
- 「顧客の reality（事情）に適合する戦略」とは、どのような性質の戦略でしょうか。皆さんの身近な例で、この戦略に当てはまる例はありますか。
- 顧客にとっての新しい「価値」を創り出す戦略とは、どのような戦略でしょうか。この戦略を成功させるために重要な考え方とは何でしょうか。

読み解くべきキーワードとキーセンテンス

　第 16、17 章も含め、Entrepreneurial Strategies で紹介される 4 つの起業家戦略の全体を整理したものが次の図です。戦略ごとに目的が異なります。

18. Ecological Niches

● ecological niche [P233]

　直訳すれば、「生態的地位」です。ビジネスで「ニッチ」と言うと、単に市場の「隙間」というイメージで使われることが多いですが、ドラッカーが ecological niche という言葉をあえて使っているのは、各々の生物の種に「生息する環境で果たしている生態的な役割や地位」があるのと同様に、起業家にも「限定された、しかし極めて重要で収益性の高いポジション」を取るチャンスがあることを伝えようとしているからです。

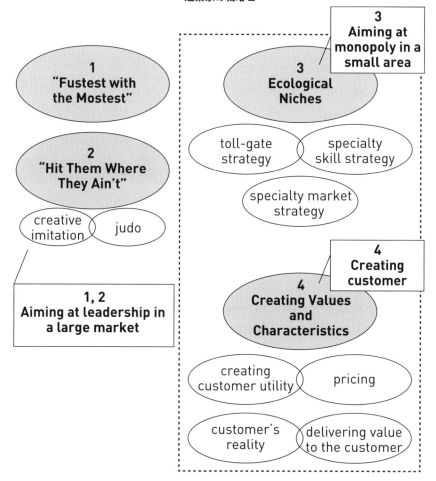

ここでは3つ目と4つ目の戦略を解説しています。4つの戦略は、それぞれ目的が異なります。さらに、それぞれ数種類の詳細な戦略カテゴリーに分かれています。

● **The ecological niche strategy aims at obtaining a practical monopoly in a small area.** (P233)

「ニッチ戦略」は、小さい市場で、事実上の独占的な地位 (practical monopoly) を得ることを目指す。

これまでに紹介した「Fustest with the Mostest（最速、最強の戦略）」「Hit Them Where They Ain't（不意を突く戦略）」は、いずれも比較的大きなマーケットや業界でリーダー的な地位を築くことを目指したものでした。一方、この「ecological niche（ニッチ戦略）」は、狭いエリアで独占に近いポジションを取ることが目的の戦略です。

誤解されている「ニッチ」という言葉の使い方

　一般に、「niche（ニッチ）」という言葉を使う場合、「小さい市場」という単純な意味で使っている人が多いと思います。しかし、ドラッカーの ecological niche という言葉を正確に読み解けば、それが単に「小さい」という意味だけでなく、「周りの環境に調和し、その中で、独自の、不可欠な役割と地位を確立する生き方」という意味があることが理解できます。これを、ビジネスの中で実現するのが、本当の意味での「niche（ニッチ）」です。

　例えば、大きな建造物を造る上で、安全性を確認するために不可欠な計算処理や技法、または事業者間の決済を行うために不可欠な技術処理などは、まさにこの niche に当てはまります。世の中には、目立たなくとも、明らかに ecological niche の役割を果たしている事業はたくさんあるということです。

- **The first three strategies are competitive strategies. The ecological niche strategy aims at making its successful practitioners immune to competition and unlikely to be challenged.** (P233)

前述の3つの戦略は、競争戦略だった。一方、ニッチ戦略の成功者は、競争とは無縁で (unlikely to be challenged)、他者からの脅威にさらされることも少ない (immune to)。

このように、「Fustest with the Mostest」「creative imitation」「entrepreneurial judo」の3つの戦略と、ニッチ戦略との違いを明快に説明しています。

- **There are three distinct niche strategies, each with its own requirements, its own limitations, and its own risks:**
    - **the toll-gate strategy;**
    - **the specialty skill strategy; and**
    - **the specialty market strategy.** (P233)

ニッチ戦略は、以下の3つの戦略で構成される。求められる要件、制約、リスクがそれぞれ異なる。
 ・料金所戦略
 ・専門技術戦略
 ・特殊マーケット戦略
の3つである。

THE TOLL-GATE STRATEGY

- **toll-gate strategy** (P233)

    toll gate とは、「関所」「料金所」という意味です。ビジネスを完結するために不可欠なプロセス上に、抵抗感なく顧客が料金を支払ってくれるような「立ち位置」を確立できれば、圧倒的に有利なポジションでビジネスをすることができます。まさに、「料金所」のような立ち位置であり、それを目指す戦略を toll-gate strategy と呼んでいます。

- **The toll-gate position is thus in many ways the most desirable position a company can occupy.** (P234)

    このように、料金所のポジションは、もし占拠できれば会社にとってこの上ないメリットをもたらす。

    原著では、老人性白内障の手術時間短縮に活用できる酵素を開発したアルコン・ラボラトリーズや、油井(ゆせい)における火災防止装置を開発した中堅メーカーの例が紹介されています。いずれも、一連の実務プロセスの中で「欠かせない」「顧客に大きな経済的メリットをもたらす」機能を提供することにより、盤石のポジションを得た点で、まさに「料金所」「関所」として成功した事例です。

- **But it has stringent requirements. The product has to be essential to a process.** (P235)

    しかし、「料金所」戦略には厳しい (stringent) 条件がある。その製品が、ビジネスプロセスにおいて不可欠なものでなければならない。

    「料金所戦略」は、成功すれば、とても「おいしい」「理想的な」戦略であることは言うまでもありません。しかし、だからこそ求められる条件も厳しい。そこで提供される製品やサービスが、全プロセスを完結させる上で「不可欠」

だという条件を満たさなければならない、ということです（不可欠でなければ、「料金所」は通過されないので）。

- **The market must be so limited that whoever occupies it first preempts it.** (P235)
最初に占拠した事業者なら誰でも先取り (preempt) できるくらい、マーケットは限定されていなければならない。

- **It must be a true "ecological niche" which one species fills completely, and which at the same time is small and discreet enough not to attract rivals.** (P235)
1 種類の種 (species) が占める生態的地位と同様に、それは真の「生態的なニッチ」でなければならない。同時に、ライバルにとって魅力があまりない、そこそこに小さく、控えめな (discreet) 市場であることが望ましい。

- **Such toll-gate positions are not easily found. Normally they occur only in an incongruity situation (cf. Chapter 4).** (P235)
このような料金所ポジションは容易に見つかるものではない。通常、（原著第 4 章で出てきた) ギャップ、不一致、不調和の中からしか発見できない。

「イノベーションの機会につながる 7 つの変化の種」の 2 つ目、incongruity とは、一連のプロセス内に発生する「ギャップ」や「不足個所」という意味でした。それを発見することが、ここで言う「料金所」のポジションを取る鍵だと言っています。多くの人が気づいていない、しかし「あったらとても助かる」プロセスを発見し、そこにビジネスチャンスを見いだすことが、この戦略の成功の鍵となります。

- **The toll-gate position also has severe limitations and serious risks. It is basically a static position. Once the ecological niche has been occupied, there is unlikely to be much growth.** (P235)

料金所的なポジションには、厳しい制約と深刻なリスクも存在する。そのポジションは、基本的には静的な (static) ものである。一度、生態的な地位（ニッチ）が占拠できてしまうと、大きな成長は見込めない。

- **The toll-gate position might be impregnable—or nearly so. But it can only control within a narrow radius.** (P236)

料金所のポジションは、ほとんど難攻不落である (impregnable)。しかし、狭い範囲 (radius) しかコントロールすることができない。

原著では、眼科という事業領域において、コンタクトレンズ液や抗アレルギー性目薬など、商品を多角化することで成功したアルコン社の事例が登場します。料金所の戦略ポジションでリターンを増やそうと思えば、多角化し、

「適度に小さいマーケット」の強さ

　　　戦略的思考では明白であるのに、あまり理解されていない考え方に、「適度に小さい市場で一番になる」というのがあります。
　　　これは、そもそも大きくなることが見込みにくい市場であっても、また、かつては大きかった市場が衰退期を迎え、規模が大幅に小さくなっている市場でも同じです。「小さくはなっているが、なくなりはしない」マーケットで圧倒的にシェアを保有することは非常に強い戦略であり、それに当てはまる事業を「キャッシュカウ（cash cow、金のなる木、ドル箱）」と呼んだりします。
　　　製造業、飲食業、教育産業、趣味・娯楽産業、いずれにおいても、規模は小さくなっても需要が残っているマーケットが必ずあります。そこで大きなシェアを維持している会社もあるはずです。マーケットの小ささゆえに、他社が新たな投資をしてまで攻め込んで来ないので、占有しやすいのです。このような「適度に小さいかどうか」の目線で皆さんの周りのビジネスの戦略を観察してみても面白いでしょう。

複数事業で同様のポジションを取る以外に方法はありません。

THE SPECIALTY SKILL

- **specialty skill** (P236)
文字どおり、「専門技術」を活用した戦略です。

- **But once these companies had attained their controlling position in their specialty skill niche, they retained it. Unlike the toll-gate companies, there is a fairly large niche, yet it is still unique.** (P237)
これらの会社は、ひとたび「専門技術」において支配的な地位を獲得すると、その地位を維持してきた。「料金所戦略」とは違い、かなり大きいニッチ市場がある。しかし、ユニークなポジションである点は変わらない。

原著では、自動車部品メーカーなどの事例をあげて、専門技術戦略の特徴が紹介されています。

- **As these cases show, timing is of the essence in establishing a specialty skill niche. It has to be done at the very beginning of a new industry, a new custom, a new market, a new trend.** (P237)
これらのケースが示すように、「専門技術」のニッチポジションを確立する上では、タイミングが鍵である。新しい産業、商習慣(custom)、市場、トレンドが生まれる初期段階に、確立されなければならない。

1. **While the specialty skill niche has unique advantages, it also has severe limitations. One is that it inflicts tunnel-vision on its occupants.** (P239)
「専門技術戦略」ならではの利点がある一方で、厳しい限界もある。一つは、そのニッチ市場の占有者が「視野狭窄(tunnel-vision)」に陥ることだ。

tunnel-visionについては178ページを参照してください。

2. **A second, serious limitation is that the occupant of a specialty skill niche is usually dependent on somebody else to bring his product or service to market.** (P239)
２つ目の重大な制約は、「専門技術戦略」を使った製品またはサービスをマーケットで展開する上で、第三者に依存 (dependent) しなければならないことだ。

3. **Finally, the greatest danger to the specialty niche manufacturer is for the specialty to cease being a specialty and to become universal.** (P239)
最後に、ニッチな「専門技術」を有するメーカーにとって最大の危険は、その専門性が専門でなくなり (cease)、汎用的 (universal) になることだ。

当然ながら、専門かつ特殊な技術が特殊でなくなってしまうことが、最大のリスクであり、起業家はそのリスクを常に意識すべきだと言っています。

THE SPECIALTY MARKET

● **specialty market** (P240)
「特殊マーケット向けの戦略」という意味です。

● **The specialty market is found by looking at a new development with the question, What opportunities are there in this that would give us a unique niche, and what do we have to do to fill it ahead of everybody else?** (P241)
「特殊市場」を発見するには、「ここに我々独自のニッチ市場となりうる、どのような機会があるだろうか。誰よりも早くそのニッチを占拠するには、どうすべきか」という質問を投げかけることで、新たな展開に目を向けることが必要だ。

原著では、業務用オーブンやトラベラーズチェックが、特殊市場の事例として紹介されています。いずれも、特別な技術は使われていないものの、市場や顧客ニーズの変化を誰よりも早く敏感に察知し、大手が参入しにくい特殊なマーケット（需要はあるが、さほど大きくはならないようなマーケット）をいち早く占拠したことが、事業の成功につながった例です。

- **The specialty market niche has the same requirements as the specialty skill niche: systematic analysis of a new trend, industry, or market;** (P242)

「特殊市場戦略」を成功させるには、「専門技術戦略」と同様の条件がある。それは、新しいトレンド、産業、マーケットを体系的に分析することだ。

トレンド、産業、市場の変化を観察し、イノベーションの機会につながる変化の種を発見する。そのような分析を体系的かつ綿密に行うことが、この戦略を成功させる条件だと言っています。

- **And it has the same limitations. The greatest threat to the specialty market position is success. The greatest threat is when the specialty market becomes a mass market.** (P242)

そしてまた、同様の制約もある。「特殊マーケット」のポジションにとって最大の脅威は、成功そのものだ。「特殊市場」が大規模市場に成長したときこそ、最大のピンチである。

19. Changing Values and Characteristics

- **changing values and characteristics** (P243)
この章のタイトルで、「価値と性質そのものを変化させる戦略」を意味します。

- **In the entrepreneurial strategies discussed so far, the aim is to introduce an innovation. In the entrepreneurial strategy discussed in this chapter, the strategy itself is the innovation.** (P243)
ここまであげてきた起業家戦略では、イノベーションの導入が目的であった。この章で扱う起業家戦略では、戦略そのものがイノベーションとなる。

- **They create a customer—and that is the ultimate purpose of a business, indeed, of economic activity. But they do so in four different ways:**
    - **by creating utility;**
    - **by pricing;**
    - **by adaptation to the customer's social and economic reality;**
    - **by delivering what represents true value to the customer.**
  (P243)
この章で語られるのは、いずれも「顧客を創造する」戦略だ——それは、ビジネス、つまり経済活動が目指すべき究極の (ultimate) ゴールでもある。顧客を創造するために、以下の4つの異なる方法がある。
　・「効用 (utility)」を創り出す戦略
　・値づけ戦略
　・顧客側の社会的・経済的事情に適合する戦略
　・顧客にとって真に価値あるものを提供する戦略
である。

CREATING CUSTOMER UTILITY

● **creating customer utility** (P243)
「顧客にとっての効用を創り出す」戦略という意味です。

● **Yet Hill did indeed create what we would now call "mail." He contributed no new technology and not one new "thing," nothing that could conceivably have been patented.** (P244)
実際、今日我々が「郵便」と呼ぶものを創り出したのは、[ローランド・]ヒルである。新しい技術も、新しいものも、とてもではないが特許で守られる (be patented) ようなものは何も生み出さなかったにもかかわらず、だ。

1837年、イギリのローランド・ヒルが現在の郵便制度を発明しました。「手紙を出す」という習慣自体はずっと以前からありましたが、顧客にとって使いやすく、便利な「効用」を創造したイノベーションそのものが、戦略として機能した例として紹介されています。

「効用を創り出す」という新しい発想

　「効用を創り出す」というのは、聞きなれない言葉かもしれません。提供される製品も、使われる技術も変わらない。しかし、顧客サイドから見れば、受け取る「効用」「利便性」が確実に増しているという場合があります。
　例えば、街のスーパーマーケットがお年寄りや子育てで忙しい母親のために宅配サービスを始めることや、さまざまな場所で急速に増えている託児所サービスなども、その一例かもしれません。
　顧客が感じる「効用」「利便性」を少しずつ高めることは、さほど難しいことではありません。しかし、顧客のニーズに「フォーカス（焦点）」を当てて、徹底的に考えているビジネスパーソンが多くないのも現実です。その差は、小さいようで、実は極めて大きなビジネスの結果の違いを生み出すのです。

- Hill created utility. He asked: What do the customers *need* for a postal service to be truly a service to them? This is always the first question in the entrepreneurial strategy of changing utility, values, and economic characteristics. (P244)

ヒルは「効用」を創り出した。彼はこう自問した。「郵便サービスが顧客にとっての本当のサービスとなるために、何が『必要』だろうか」。これは、効用、価値、そして経済性を変化させる起業家戦略において、常に最初に問うべき問いである。

- Again, there is no high technology here, nothing patentable, nothing but a focus on the needs of the customer. (P245)

繰り返すが、高度なハイテク技術もなく、特許技術もなかった。ただひたすら、顧客にとってのニーズにフォーカスを合わせた。

- Yet the bridal register, for all its simplicity—or perhaps because of it—has made Lenox the favorite "good china" manufacturer and one of the most rapidly growing of medium-sized American manufacturing companies. (P245)

［別の事例として紹介されている］花嫁目録は、極めてシンプルであるにもかかわらず (for all)、いや、シンプルであるからこそ、レノックスを人気の良品陶磁器メーカーに、また特筆すべきスピードで成長したアメリカの中規模企業に進化させた。

PRICING

- pricing (P245)

「値づけ」「価格づけ」という意味です。

- **King Gillette* did not invent the safety razor; dozens of them were patented in the closing decades of the nineteenth century.** (P246)

  キング・ジレットは安全かみそりを発明したわけではなかった。19世紀の最後の何十年かの間、安全かみそり自体には数十にわたる特許が認められていた。

  　　　　*King Gillette「ジレット」ブランドの安全かみそりの発明者キング・ジレット

- **But Gillette did not "sell" the razor. He practically gave it away by pricing it at fifty-five cents retail or twenty cents wholesale, not much more than one-fifth of its manufacturing cost.** (P246)

  しかし、ジレットはかみそりを「売ろう」としなかった。小売り (retail) で 55 セント、卸売り (wholesale) で 20 セントという値づけで、事実上、放出した (gave away) に等しかった。製造コストのわずか (not much more than) 5 分の 1 の価格だった。

  ビジネスモデルの伝説にもなっているかみそりのジレット。製造コストよりも大幅に低い売値をつける一方で、かみそりをジレット社製の刃しか装着できないデザインにし、刃で儲ける戦略で成功を収めました。この pricing そのものがライバルとの競争で圧倒的な優位を生み出したため、ドラッカーはこのモデルを「値づけ (pricing)」の戦略の代表例としてあげています。

- **What Gillette did was to price what the customer buys, namely, the shave, rather than what the manufacturer sells.** (P246)

  ジレットは、製造者が売るものではなく、顧客が購入するもの、すなわち (namely)「髭をそること」に価格をつけた。

  ドラッカーは、「企業が売っているものを、顧客は買っていない場合が多い」と頻繁に語っています。ここでも顧客が「買う (buy)」ものと企業が「売る (sell)」ものを対比させ、その違いを強調しています。

- **Most suppliers, including public-service institutions, never think of pricing as a strategy. Yet pricing enables the customer to pay for what he buys—a shave, a copy of a document—rather than for what the supplier makes.** (P247)

  公共サービス機関を含め、製品やサービスの提供側の多くは、「価格づけ」を戦略と考えていない。しかし、戦略的に「値づけ」をすることで、顧客は、提供者が製造しているものではなく、自らが買いたいもの（髭をそることや、書類をコピーすること）を買えるようになる。

THE CUSTOMER'S REALITY

- **customer's reality** (P247)

  「顧客の事情」という意味です。

- **The worldwide leadership of the American General Electric Company (G.E.) in large steam turbines is based on G.E.'s having thought through, in the years before World War I, what its customers' realities were.** (P247)

  アメリカのゼネラル・エレクトリック（GE）の大型蒸気タービンでの世界的成功は、第一次世界大戦前の数年間に顧客特有の「事情」を徹底的に考慮した (think through) ことでもたらされた。

  GEが大型蒸気タービンを開発したものの、技術上も手続き上も複雑なメンテナンスと、発生する膨大なコストの問題で、顧客である電力会社側への導入が困難を極めた事例が原著で紹介されています。この難局を、GEが「顧客側の事情」を深く検討し、新しい解決策（メンテナンス担当部署の編成と、新しい請求方法）を考案することで打開しました。顧客側の事情に徹底的に適応する戦略の一例として、取り上げられています。

- The customer has to be assumed to be rational. His or her reality, however, is usually quite different from that of the manufacturer. (P248)

  顧客は常に合理的だ (rational) と考えなければならない。顧客にとっての「事情」は、メーカー側の事情とは全く異なることが多い。

- Whatever customers buy has to fit their realities, or it is of no use to them. (P249)

  顧客が買うものはすべて、顧客側の「事情」に適合していなければならない。そうでなければ、顧客にとって全く役に立たない (of no use)。

DELIVERING VALUE TO THE CUSTOMER

- delivering value to the customer (P249)

  「顧客にとっての本当の価値を提供する」という意味です。

- What Herman Miller is doing is *defining* "value" for the customer. It is telling the customer, "You may pay for the furniture, but you are buying work, morale, productivity. And this is what you should therefore be paying for." (P250)

  ハーマン・ミラー社が行っているのは、顧客にとっての「価値」の「定義づけ」だ。同社は顧客にこう語りかける。「お客様は家具を購入してくださっていますが、実際には、仕事のしやすさ、士気、そして生産性を購入されています。これこそ、お客様が支払いをされるべきものなのです」

デザイン家具で今日も人気を博するハーマン・ミラー社の事例です。同社は、この新しい「定義づけ」により、オフィス家具だけでなく、オフィスのレイアウトやオフィス機器に関する助言なども、あらたに商売にするようになっていきました。

- "Profits are not made by differential cleverness, but by differential stupidity." (P250)

「賢さの差ではなく、愚かさの差から、利益は生まれる」

経済学者デイビッド・リカードの言葉として引用されています。言われてみれば当たり前の、顧客目線に立った思考ができているかどうか。これが、事業の収益性を左右します。利益は、「どれだけ賢いか」の差ではなく、「どれだけ考えていないか（愚かか）」の差として生じる、というメッセージです。誰にとっても耳が痛い言葉ではないでしょうか。

- The strategies work, not because they are clever, but because most suppliers—of goods as well as of services, businesses as well as public-service institutions—do not think. (P250)

戦略が機能するのは、企業が賢いからではない。サービスや製品の提供者（企業だけでなく、公共サービス機関も含め）の多くが考えていないから、戦略が機能する。

提供するモノやサービスの「価値」を顧客の視点で考え抜くという、いわば当たり前の思考ができる事業者が少ないことが、戦略が機能する理由だと言っています。戦略は複雑なものではなく、商売の基本である「顧客価値」を創造するシンプルな考え方であることをドラッカーは強調しています。

- They were paid for giving their customers satisfaction, for giving their customers what the customers wanted to buy, ... (P251)

［例にあげたこれらの］企業は、顧客に満足を提供すること、顧客が本当に買いたい価値を提供することで、対価を得ていた。

- **Entrepreneurial strategies are as important as purposeful innovation and entrepreneurial management. Together, the three make up** *innovation and entrepreneurship.* (P251)

  起業家の戦略は、[これまで扱ってきた]目的意識を持ったイノベーションや起業家的なマネジメントと同じく重要である。これら3つが合わさって、「イノベーションと起業家精神」が形成される。

- **But the entrepreneurial strategy that fits a certain innovation is a high-risk decision.** (P251)

  しかし、どのイノベーションにどの起業家戦略を適応させるかの意思決定には、大きなリスクが伴う。

  ここまでドラッカーが説明してきたように、各々の起業家戦略には、それが当てはまりやすい場合とそうでない場合があります。イノベーションの機会を発見し、組織内に起業家的なマネジメントを導入しようとしても、戦略の選択を間違えると致命的だと、ドラッカーは警告しています。

- **An innovation is a change in market or society.** (P252)

  イノベーションは、市場と社会の変革そのものである。

- **It produces a greater yield for the user, greater wealth-producing capacity for society, higher value or greater satisfaction.** (P252)

  イノベーションにより、利用者はより大きな収穫(yield)を、社会はより大きな富の創造余力を、そしてより高い「価値」と満足を手にする。

- **The test of an innovation is always what it does for the user.** (P252)

  イノベーションの試金石となるのは、常に、顧客にとってどのようなメリットを提供できるか、である。

- **Still, entrepreneurial strategy remains the decision-making area of entrepreneurship and therefore the risk-taking one. It is by no means hunch or gamble. But it also is not precisely science. Rather, it is judgment.** (P252)

しかし、起業家の戦略は、起業家精神の中では意思決定の領域に属する。ゆえに、リスクを冒すことでもある。ただしそれは、決して直感(hunch)でもギャンブルでもない。かといって、厳密には科学(サイエンス)でもない。むしろ、それは「判断(judgment)」である。

起業家戦略は、直感やギャンブルで決めるものでもないし、かといって、科学的と言えるほど明快な答えが出せるものでもありません。それは、これまでにドラッカーが伝えてきたような、さまざまな「考え方」「分析の仕方」を活用した上で、最後に起業家が自身の責任で行うべき重要な「判断」であると言っています。

16 起業家社会に向けて

> 原著のここを読む!
> Conclusion: The Entrepreneurial Society (P253-266)

📚 サマリーと読みどころ

　原著の終章です。ドラッカーが、執筆時の1980年代から、近未来を予見している内容でもあります。その洞察の鋭さ、的確さには皆さんも驚かされることでしょう。

　なぜ、私たちにとって「起業家社会」が必要となるのか。ドラッカーはいつもどおり、「経済」「利益」という観点だけでなく、「社会」「人間」の幸福という文脈から、イノベーションの重要性を語ります。

　貧困や治安悪化などにより不満が高まれば、通常は「革命」が起きます。それは、100年、200年前も、今日も変わりません。現代でも、革命により、民衆が自ら状況を打開しようとする国はたくさんあります。しかし、ドラッカーは、本質的には、革命は正しい答えではないと言います。革命を起こしても、そのあとに、求めた社会が実現する例は少ないと言うのです。確かに、最近の国際情勢における革命後の混乱や停滞を目の当たりにすると、ドラッカーの洞察が正しいと感じます。

　では、革命に代わるのは何か。その答えが、「イノベーション」と「起業家精神」だとドラッカーは結論づけています。企業であれ、政府であれ、また公共サービス機関であれ、イノベーションと起業家精神を常日頃から発揮し、自己刷新していけば、無駄がなくなり、人間の創造的アイディアが発揮され、結

果的に企業も国家も健全に運営されるというのがドラッカーの考えです。そのような社会は、労働生産性も高く、雇用も安定し、社会倫理も維持されるので、革命が起こるような事態になりにくいという想定です。このように「イノベーションと起業家精神」を社会の視点から論じ、「起業家社会」の意義と大義を明快に語るところが、まさにドラッカーのドラッカーたるゆえんでしょう。

　この終章で、ドラッカーは、起業家社会を機能させるために何が必要か、どのような社会革新が求められるか、何が新しい課題になるのか、また個々人の生き方、学び方がどのように大きく変わるのか、説明しています。個々人については「継続学習」の重要性を主張します。従来、学ぶのは高校や大学卒業まで、というのが普通でした。しかし、「自ら事業を起こしていく」スタイルが主流となっていく起業家社会においては、大学を卒業したあとも、指示・管理によってではなく、人は自発的に継続して学ぶ（学びたい）という意欲が強くなるとドラッカーは言います。教育機関も、そのような認識の変化に対応していくことを迫られます。これも、現代社会人の学習熱を見ると、実際にそのような時代になっていると言えます。

　「イノベーションと起業家精神」は、一部の天才的なひらめきやギャンブルではなく、どのような人でも、原則を学び、身につければ実践できます。それが、原著で一貫してドラッカーが伝え、立証してきたことです。この終章を読むと、イノベーションと起業家精神によって、社会をどのように良い方向に変えていけるのかがわかります。自分自身もそのような社会に貢献する一員でいたい、と感じることもできるでしょう。イノベーター、起業家の一員として、皆さん自身のモチベーションもきっと高まるはずです。

🗨 読み解きたいポイント

- 「起業家社会」とは、どのような特徴を持つ社会でしょうか。
- 健全な社会発展のために、イノベーションと起業家精神はなぜ必要だと書かれていますか。

- 起業家社会と「ハイテク」の関係として、どのようなことが強調されているでしょうか。
- 起業家社会を実現するために、どのような社会改革、革新が必要だと書かれていますか。
- 起業家社会において、教育や学習は、なぜ、どのように変化していくでしょうか。

読み解くべきキーワードとキーセンテンス

● **entrepreneurial society** (P253)

ドラッカー特有の表現で、「起業家社会」を意味します。起業家的な人材が多数活躍し、彼らが事業を通じて業績を上げることで豊かになっていく社会です。一部の大組織や絶対的指導者が経済を動かすのではなく、大衆の多くが創造性と主体性を発揮し、イノベーションと起業家精神を実践することで、個々人も組織も豊かに成長していく――。そのような社会をイメージしています。

● **Indeed, we now know that "revolution" is a delusion, the pervasive delusion of the nineteenth century, but today perhaps the most discredited of its myths.** (P254)

実際には、「革命」は幻想 (delusion)、とりわけ19世紀に普及した (pervasive) 幻想であり、今日最も信用を落とした (discredited) 神話 (myth) であることが我々にはわかっている。

● **We now know that "revolution" is not achievement and the new dawn. It results from senile decay, from the bankruptcy of ideas and institutions, from failure of self-renewal.** (P254)

「革命」は何かを達成した証しでも、新しい時代の夜明け (dawn) でもない。革命はシ

ステムの老朽と腐敗、アイディアと組織の双方の破綻 (bankruptcy)、そして自己刷新 (self-renewal) の失敗から起きる。

革命とイノベーションを対比させて述べるのが、ドラッカーらしいスケールの大きな観点です。現状に行き詰まり、何かを変えたいときに起きる革命が、その後の社会を幸福に導くことは稀だと言っています。革命が起きるほどの社会腐敗が起きないよう、イノベーションと起業家精神が当然の社会であり続けなければならない、というドラッカーの思いが込められてもいます。

- **Innovation and entrepreneurship are thus needed in society as much as in the economy, in public-service institutions as much as in businesses.** (P254)
このように、イノベーションと起業家精神は、経済だけでなく社会にとっても、また事業会社だけでなく公共サービス機関にも、不可欠なものである。

- **It is precisely because innovation and entrepreneurship are not "root and branch" but "one step at a time," a product here, a policy there, a public service yonder;** (P254)
というのは、まさにイノベーションと起業家精神は、「一気に、徹底的に (root and branch)」ではなく、「1ステップずつ、徐々に」進められるからだ。まずこの製品、その政策、あの (yonder) 公的サービスというように。

革命のように、すべてを根幹から破壊して「ゼロクリア」にする方法とは違い、イノベーションと起業家精神は、社会のさまざまな局面で、誰もが少しずつ、試行錯誤しながら変革を実行できる方法論だということです。

- **What we need is an entrepreneurial society in which innovation and entrepreneurship are normal, steady, and continuous.** (P254)

  我々にとって必要なのは、イノベーションと起業家精神が日常的で (normal)、確実に (steady)、かつ継続的に (continuous) 実践されている「起業家社会」である。

- **Just as management has become the specific organ of all contemporary institutions, and the integrating organ of our society of organizations, so innovation and entrepreneurship have to become an integral life-sustaining activity in our organizations, our economy, our society.** (P254)

  ちょうどマネジメントが現代組織に特有の機関（器官）、組織社会を統合する機関になったのと同様に、イノベーションと起業家精神は、組織、経済、社会おいて、不可

「起業家社会」は人間の創造性が発揮される新しい社会

　ドラッカーが見通したように、現代社会は、「被雇用社会（組織に一生勤めることが圧倒的に主流の社会）」から、「起業家社会（自ら事業を、イノベーションを起こすことが主流の社会）」に確実に変化してきています。大学を卒業した若者が、大企業への就職を選ばずに、仲間数名とベンチャー事業を立ち上げるケースも増えています。あるいは、早期退職したビジネスパーソンがこれまで培った技術を活かしてベンチャーを起こしたり、子育て世代のお母さんたちが新サービスを立ち上げたりすることも、以前より格段に多くなりました。日本以上に、アメリカでは、このような傾向が顕著です。

　事業環境が不確実な昨今、大組織が順調に規模を拡大していくことは容易ではありません。ある程度の規模になると、海外の低コストの製品やサービスに市場を奪われることも増えてきます。そのような不安定な時代に、個々の規模は小さくとも、「起業家」の立ち上げた多数のベンチャー事業が、雇用や福祉の受け皿になる社会が起業家社会です。起業家社会は、これまで以上に人々の自由意思や創造性が発揮されやすい社会でもあります。安定と引き換えに自由を得ることは、もちろん困難を伴いますが、私自身は、そのような社会に大きな夢と魅力を感じます。皆さんはどう考えるでしょうか。

欠な (integral) 生命活動 (life-sustaining activity) にならなければならない。

- **This requires of executives in all institutions that they make innovation and entrepreneurship a normal, ongoing, everyday activity, a practice in their own work and in that of their organization.** (P255)

　すべての組織の経営陣が、イノベーションと起業家精神を日常的で、いつも進行している (ongoing) 日々の活動にしなければならない。自身と組織の仕事双方において、実践すべき行動と位置づけなければならない。

- **To provide concepts and tools for this task is the purpose of this book.** (P255)

　この仕事を実践するための構想 (concept) とツールを提供することが、本書の目的である。

WHAT WILL NOT WORK

- **what will not work** (P255)

　見出しで、「(起業家社会において) 機能しないもの」を意味します。

- **Above all, to have "high-tech" entrepreneurship alone without its being embedded in a broad entrepreneurial economy of "no-tech," "low-tech," and "middle-tech," is like having a mountain-top without the mountain.** (P256)

　結局、「ノーテク」「ローテク」「ミドルテク」まで含めた広い意味での起業家社会の中に組み込まれない限りは、「ハイテク」型の起業家精神だけがあっても、それはまるで山がなく山頂だけがあるようなものだ。

　起業家社会を、「ハイテク」主導で考えすぎることの危険性をドラッカーは

指摘しています。起業家精神はハイテクかどうかにかかわらず、さまざまな業界や業種（政府機関や市町村でさえも）で適用できる考え方です。ハイテク以外の分野でも起業家精神が発揮されなければ、肝心のハイテク産業も成長しない、というドラッカーのメッセージでもあります。

- **And yet it is most unlikely (I am tempted to say impossible) for any country to be innovative and entrepreneurial in high tech without having an entrepreneurial economy.** (P257)

  どの国でも、起業家社会という土台を持たずに、ハイテクだけでイノベーティブで起業家的な国家になることなど、ほぼありえない（不可能だと断言したいところだ）。

THE SOCIAL INNOVATION NEEDED

- **social innovation needed** (P257)

  「必要となる社会革新（社会的イノベーション）」。社会において必要とされる制度の刷新や革新、という意味です。

- **There are two areas in which an entrepreneurial society requires substantial social innovation.** (P257)

  起業家社会には、本当の (substantial) 社会的なイノベーションが求められる領域が２つある。

  ### 1. The first is a policy to take care of redundant workers. (P257)

  第一に、余剰 (redundant) 労働者をどのようにケアするかについての方針だ。

2. **The other social innovation needed is both more radical and more difficult and unprecedented: to organize the systematic abandonment of outworn social policies and obsolete public-service institutions.** (P259)

もう一つ求められる社会革新は、さらに抜本的 (radical) で困難であり、前例がない。使い古された (outworn) 社会政策と陳腐化した公共サービス機関を体系的に廃棄することである。

ドラッカーは起業家社会を機能させるために、2つの大きな社会的な刷新が必要だと言っています。一つが、旧来の重厚長大産業に従事していた（起業家社会では雇用機会を失いやすい）労働者たちのケアをどうするか。もう一つが、古くなったシステムや機関をいかに体系的に「廃棄」するか、ということです。

THE NEW TASKS

- **new task** (P260)

  これも見出しの語で、「新たな課題」を意味します。

- **These two social policies needed are, however, only examples. Underlying them is the need for a massive reorientation in policies and attitudes, and above all, in priorities.** (P260)

  しかし、これら2つの求められる社会政策は、あくまで例に過ぎない。根本にある (underlie) のは、政策、行動、そして何よりも優先順位づけの大掛かりなやり直し (reorientation) の必要性だ。

- **Tax policy is one area—important both for its impact on behavior and as a symbol of society's values and priorities.** (P260)
  税制はその一つで、人々の行動に影響を与えるだけでなく、社会の価値観や優先順位を象徴するものとしても、重要だ。

- **In developed countries, sloughing off yesterday is at present severely penalized by the tax system.** (P260)
  先進国の現状の税制では、「昨日」を脱ぎ捨てる (slough off) 決断に対し、厳しいペナルティーが科せられている (penalize)。

- **What is needed in an entrepreneurial society is a tax system that encourages moving capital from yesterday into tomorrow rather than one that, like our present one, prevents and penalizes it.** (P261)
  起業家社会では、「昨日」から「明日」への資本の移動を奨励する税制度が必要であるにもかかわらず、現行のものは、むしろそれを妨げ (prevent)、罰している。

「昨日」と「明日」というわかりやすい対比の言葉を使っています。これもイノベーション論において、ドラッカーがよく使う表現です。起業家社会が機能するためには、事業の新陳代謝、すなわち新事業への移行が税制上不利にならず、貴重な資本が「昨日（過去）」から「明日（未来）」の機会に移行するような、税政策の見直しが不可欠だと言っています。

- **Just as important as tax and fiscal policies that encourage entrepreneurship—or at least do not penalize it—is protection of the new venture against the growing burden of governmental regulations, restrictions, reports, and paperwork.** (P262)
  起業家精神を奨励する（少なくともそれにペナルティーを科さない）税や財政政策と同様に重要なことは、新しいベンチャー事業を日々増大する政府の規制、制約、報告

業務、事務作業などの負荷 (burden) から守ることだ。

- **Such a policy, by the way, would be the best—perhaps the only—remedy for that dangerous and insidious disease of developed countries: the steady growth in the invisible cost of government.** (P262)

先進国における危険かつ潜行性の (insidious) 病理、すなわち政府の見えないコストが継続的に増加していくことに対しては、このような政策が最良の、そしておそらく唯一の救済策 (remedy) であろう。

- **We need to learn to ask in respect to any proposed new governmental policy or measure: Does it further society's ability to innovate?** (P263)

新しく提案された政府の方針や制度については必ず、「これは社会のイノベーション能力を促進する (further) ものだろうか」と問う必要がある。

肥大化し、高コスト体質になりやすい政府がイノベーションを妨げることがないよう常に注意する必要があります。また、その政府が課す煩わしい管理業務から起業家を守り、自由にしてあげることも重要です。

THE INDIVIDUAL IN ENTREPRENEURIAL SOCIETY

- **individual in entrepreneurial society** (P263)

「起業家社会における個々人」。起業家社会において、個々人の考え方、行動がどう変化するか、ということです。

- **In an entrepreneurial society individuals face a tremendous challenge, a challenge they need to exploit as an opportunity: the need for continuous learning and relearning.** (P263)

  起業家社会においては、個々人は大きなチャレンジに直面する。そのチャレンジも、機会として活かすべきだ。それは、「継続学習と再学習のニーズの高まり」というチャレンジである。

- **One implication of this is that individuals will increasingly have to take responsibility for their own continuous learning and relearning, for their own self-development and for their own careers.** (P264)

  ここでの示唆の一つは、自分自身の能力開発とキャリアのために、個々人が継続学習と再学習の責任をますます担わなければならなくなる、ということだ。

ここで言う継続学習(continuous learning)や再学習(relearning)とは、学校を卒業したあとも自己投資をして学び続けることを意味しています

- **Physicians, engineers, metallurgists, chemists, accountants, lawyers, teachers, managers had better assume that the skills, knowledges, and tools they will have to master and apply fifteen years hence are going to be different and new.** (P264)

  医師、技術者、冶金学者(metallurgist)、化学者、会計士、法律家、教師、マネジャー、いずれの者も、今後(hence)15年で修得し、活用すべき技能、知識、ツールは、今とは全く異なる新しいものになると覚悟しておいた方がよい(had better)。

現在では当然のように語られている、プロフェッショナルの仕事内容の変化をドラッカーは30年以上前から見抜いていました。今日ではその様相はますます強まり、技術の進化や価値観の変化により、既存のプロフェッショナル業務の大半が2030年には大きく形を変えていると言われます。未来に向けて、個々が知識やスキルを日々磨き、進化させる「継続学習」「再学習」

がますます重要になるというメッセージでもあります。

- This also means that an entrepreneurial society challenges habits and assumptions of schooling and learning. (P264)

これは、起業家社会が、学校教育や学習の慣行とその前提に見直しを迫ることも意味している。

- Young people headed for a "profession"—that is, four-fifths of today's college students—do need a "Liberal education." (P265)

専門職を志向する若者、つまり今日の大学生の5人に4人に必要なのは、「自由教育 (Liberal education)」である。

- In the Panic of 1873 the modern welfare state was born. A hundred years later it had run its course, almost everyone now knows. (P266)

1873年の世界恐慌が近代の福祉国家を生み出した。100年後、それが自然に終わりを迎えたことを、今ではほぼ誰もが知っている。

- Will its successor be the Entrepreneurial Society? (P266)

起業家社会はその後継者になるだろうか。

「リベラルアーツ教育」が見直される理由

ドラッカーは、「Management is liberal arts.（マネジメントとはリベラルアーツである）」と言います。リベラルアーツとは、よく「一般教養」と訳されますが、歴史、経済、政治、社会、人文、自然科学などを幅広く学び、身につける教育体系を指します。専門に偏りすぎることなく、人間や社会という広い見地から学び、探求する学問でもあります。

もともとは、直近の経済活動（肉体労働）から解放され、自由になった知識人が「論理学」「音楽」「幾何学」「算術」などを探求したことから、「リベラル（自由）」を実現する学問と言われました。そのような広い、人間的な視座で（人間の集合体である）組織のマネジメントを捉え直すべきだというのが、ドラッカーの考えでもありました。

昨今、あらためて、この「リベラルアーツ」教育が重視されています。日本でも「教養」という名前のつく大学や学部が増えていること、また書籍でも「教養」とタイトルにあるものが売れているのもその一例です。

リベラルアーツ教育は、「起業家」の育成にも効果的だと言われています。米国においては、著名な起業家、国家的リーダー、ノーベル賞受賞者に占めるリベラルアーツカレッジ＊卒業者の割合が大きいことも知られています。既存の学問の枠組みにとらわれず、広く、物事の本質を追求する思考方法が起業家精神やイノベーションにつながるのでしょう。ドラッカーが、liberal education（自由教育）の充実こそが、起業家社会において不可欠だと言うのは、そのようなトレンドを踏まえると、ますます説得力が増すように思います。

＊リベラルアーツカレッジ　人文科学・自然科学・社会科学および学際分野にわたり、学術の基礎的な教育研究を行う大学の総称

おわりに

「起業家社会」で生き生きと能力を発揮するために

「イノベーションとは何でしょうか」

大手企業の人事責任者の皆さんが集まる場で、このような質問をしたことがあります。すると、ある有名企業の人事部長が次のように答えました。

「例えば、iPhoneのような偉大な技術的発明を目の当たりにし、人々の考え方やものの見方が変わることだと思います」

周りの方はおおむねうなずきながら、同意しているようでした。しかし私は、この発言を聞いたときに、日本企業でイノベーションが起こりにくい理由がわかったような気がしました。多くの日本人が、イノベーションという言葉の意味を「逆」に考えていることに気づいたからです。

本来イノベーションとは、

「物事の見方や考え方を少しだけシフト(変換・移動)させることで、生み出される価値や成果を大きく高めること」

です。これは、先の人事部長の考え方とは真逆です。大発明を目の当たりにして考え方が変わるのではなく、考え方・見方を変えることで、結果、新しい価値を生み出すのですから。

このイノベーションの根本的な考えが逆になっている限り、
「誰かがすごい発明をしてくれたら」
「会社がすごい技術に事業投資をしてくれたら」
といった他者依存のマインドから抜け出せず、自らイノベーションを起こすことはできません。

「イノベーションは一部の天才のひらめきでも、ギャンブルでもない。いくつかの原則的な考え方と行動を身につければ、誰でも実践できる」

そうドラッカーは言いました。ちょっとした変化でも、イノベーションのチャンスを発見し、それを活かす。そうすることで、実は何億、何十億ものビジネスが生まれたり、同様に多額の経費が削減されたりすることがあります。ドラッカーの『Innovation and Entrepreneurship（イノベーションと起業家精神）』は、これらの重要な前提と、具体的な方法を私たちに教えてくれます。

本書の中でも紹介したように、これからの時代は「起業家社会」に向かっていくでしょう。それは、数人でスモールビジネスを始める人でも、大企業に勤める人でも、ベンチャーを立ち上げて上場を目指す人でも、公共サービスに従事する人でも変わらず、「イノベーションと起業家精神」を持って仕事をすることが必要不可欠な時代です。

起業家社会は、常に人々が競争し合い、互いに敵対し合っているような生きにくい時代でしょうか。私はそうは思いません。近年多くの人が忘れている、日々チャンスを探求し、そこから自由にアイディアを発想し、多くの人や組織

がつながり合って仕事をすることができる柔軟な社会が、私の起業家社会のイメージです。

Think like an innovator, act like an entrepreneur.
(イノベーターのように考え、起業家のように行動しよう)

私自身、この言葉をいつも胸に刻んでいます。
「従業員」「受け身」の発想ではなく、「イノベーター」の視点で考えることで、たくさんのチャンス(機会)が見えてきます。そして「起業家」のように行動することで、あらゆる事業活動に「価値」を生み出せるようになります。

イノベーションと起業家精神を存分に発揮することで、皆さんの仕事も、また人生も、より豊かに変わっていくことを願ってやみません。

著者紹介

藤田 勝利（Katsutoshi Fujita）
PROJECT INITIATIVE 株式会社 代表取締役
1996年上智大学経済学部卒業。住友商事、アクセンチュア勤務を経て、2002年米クレアモント大学院大学P.F.ドラッカー経営大学院に留学。同校にて生前のP.F.ドラッカー教授およびその思想を引き継ぐ教授陣より「マネジメント」理論を学び、2004年に経営学修士号を取得。専攻は、経営戦略論とリーダーシップ論。全米MBA成績優秀者に与えられるベータ・ガンマ・シグマ会員資格取得。
帰国後6年間、IT系企業のマーケティング責任者、事業開発担当執行役員を歴任。複数の新規事業を立ち上げ、マネジメントする。2010年に独立。ドラッカー経営理論とポジティブ心理学理論を土台に、実務現場で得られた実例を融合させ、「イノベーション創発」「起業家精神の発揮」「創造的なチームを生むマネジメント」を主テーマにコンサルティング、コーチング、トレーニング、メディアでの発信等を幅広く行っている。著書に『ドラッカー・スクールで学んだ本当のマネジメント』（日本実業出版社）など。
http://project-initiative.com

英語で読み解く
ドラッカー『イノベーションと起業家精神』

2016年10月20日 初版発行

著　者	藤田勝利
	© Katsutoshi Fujita, 2016
発行者	堤 丈晴
発行所	株式会社 ジャパンタイムズ
	〒108-0023 東京都港区芝浦4丁目5番4号
	電話　〔03〕3453-2013 ［出版営業部］
	振替口座　00190-6-64848
	ウェブサイト　http://bookclub.japantimes.co.jp
印刷所	図書印刷株式会社

本書の内容に関するお問い合わせは、上記ウェブサイトまたは郵便でお受けいたします。
定価はカバーに表示してあります。

万一、乱丁落丁のある場合は、送料当社負担でお取り替えいたします。
ジャパンタイムズ出版営業部あてにお送りください。

Printed in Japan　ISBN978-4-7890-1647-6